北京文化中心建设课题研究丛书

文化北京
构筑全球人才高地

——北京建设文化人才集聚教育中心研究

主编　金元浦　秦昌桂

何　群　毕日生　李　静　等著

北京市文化发展中心　编

新华出版社

编委会

前言

　　文化，是党和国家新一代领导集体推进国家治理体系和治理能力现代化的重要组成部分。从文化的发展和繁荣来看，如何从经济、政治、文化、社会和生态文明五位一体的宏观整体上进行文化改革的顶层设计，并从改革的系统性、整体性、协同性出发辩证施政，是新一代领导集体推进文化发展的重中之重。十八届三中全会、四中全会和五中全会的决定，强调全面深化改革的总目标是完善和发展中国特色社会主义制度，必须更加注重改革的系统性、整体性、协同性，加快发展社会主义市场经济、民主政治、先进文化、和谐社会、生态文明。这就为我们全面深化改革确定了大框架，大格局。文化的核心是思想，文化繁荣发展的根本目的是以文化人。要让北京丰富的先进文化资源活起来、动起来，走进群众的生活里，融入群众的思想中。

　　将北京建设成为具有中国特色的世界城市，成为具有全球影响力的国家文化中心，这是党中央对北京的准确定位，是对北京文化的顶层设计，是北京建设成为具有世界影响力的国家中心城市的总纲领和总蓝图，也是北京全面建设国家文化中心的动员令与集结号。这是北京的历史所由，这是北京的希望所在，这是北京的人民之愿，这是北京的未来寄托。

　　到2020年，北京要在更高水平上建成全国文化精品创作中心、文化创意培育中心、文化人才集聚教育中心、文化要素配置中心、文化信息传播中心、文化交流展示中心。在十八大精神指引下，进一步发挥好首都文化中心的表率引领作用、辐射带动作用、提升驱动作用、桥梁纽带作用、荟萃集聚作用，全力实现首都思想

道德水平显著提升、文化事业全面繁荣、文化体制活力迸发、文化创意产业发达、城市文化魅力彰显、文化名家精品荟萃、文化科技深度融合、文化国际影响力显著增强等八大目标。

习近平同志极为关心北京的发展，多次来到北京视察。他在北京视察时指出，建设好首都，推动北京持续健康发展，需要付出长期艰苦的努力。北京地位高、体量大、实力强、变化快、素质好，是其主要特点和优势，同时不断发展的北京又面临令人揪心的很多问题。把各方面优势发挥出来，把各种问题治理好，要处理好国家战略要求和自身发展的关系，在服务国家大局中提高发展水平。习近平就推进北京发展提出了新的要求。即首先明确城市战略定位，坚持和强化首都全国政治中心、文化中心、国际交往中心、科技创新中心的核心功能，深入实施人文北京、科技北京、绿色北京战略，努力把北京建设成为国际一流的和谐宜居之都，带动京津冀全面协调发展，这是对北京建设具有全球影响力的文化中心的最新要求和精准定位。

十八大以来，我国文化获得了进一步发展，十八届三中全会做出的《中共中央关于全面深化改革若干重大问题的决定》，是未来十年我国全面发展的进军号角与宏伟蓝图，对于推进文化的改革创新做了全面系统的阐述。《决定》紧紧围绕建设社会主义核心价值体系、社会主义文化强国，深化文化体制改革，加快完善文化管理体制和文化生产经营机制，建立健全现代公共文化服务体系、现代文化市场体系，推动社会主义文化大发展大繁荣，提出了一系列创新性的观点。这是党在新的时代条件下带领全国各族人民进行的新的探索，对于建设社会主义文化强国，具有重要的现实意义与长远的历史意义，吹响了文化体制机制创新的进军号，将对我国文化发展产生重大影响。

2015年10月闭幕的五中全会更加明确地提出，实现"十三五"时期发展目标，破解发展难题，厚植发展优势，必须牢固树立并切实贯彻创新、协调、绿色、开放、共享这五大发展理念。新的发展理念，为新时期的发展勾勒了清晰路径，擘画了推动发展全局深刻变革的全新蓝图。北京文化中心的建设必须遵循五大理念的引领和相互融合的协同发展。

在五大理念中创新居于国家发展全局的核心位置。我们必须在这一核心动力影响下，不断推进理论创新、制度创新、科技创新、文化创新等各方面创新，让创新贯穿北京四个中心的建设和发展，让创新在全社会蔚然成风。北京要按照中央的部署，把发展基点放在创新上，形成促进创新的体制架构，塑造更多依靠创新驱动、更多发挥先发优势的引领型发展。

文化创新必须培育发展新动力，优化劳动力、资本、土地、技术、管理等要素配置，激发创新创业活力，推动大众创业、万众创新，释放新需求，创造新供给，推动新技术、新产业、新业态蓬勃发展。

文化创新必须继续深化文化体制改革，实施重大文化工程，扶持优秀文化产品的创作生产、加强网络内容建设、构建中华优秀传统文化传承体系、倡导全面阅读、发展体育事业、做好2022年北京冬季奥运会筹办工作等。

文化创新必须不断完善公共文化服务体系、文化产业体系和文化市场体系，推动文化社会效益和经济效益协调健康发展。面对互联网时代给文化发展带来的新机遇和新挑战，实施"'互联网+'行动计划"，增强互联网对文化提升发展的支撑能力，加快文化产业结构优化升级，发展骨干文化企业和创意文化产业；培育新

型文化业态和新的文化经济增长点，扩大和引导文化消费；推动传统媒体和新兴媒体融合发展，加快媒体数字化建设；优化媒体结构，规范传播秩序；提升国际传播能力建设，创新对外传播、文化交流、文化贸易方式，推动中华文化走出去。

北京市市委书记郭金龙在刚刚闭幕的中共北京市委十一届八次全会上指出：

北京作为全国文化中心，文化发展具有风向标和引领作用，必须更加自觉地服务国家文化发展大局。要加快建设先进文化引领高地，在培育和践行社会主义核心价值观、提升城市文明水平、加强思想意识形态工作、促进物质文明和精神文明协调发展等各方面走在全国前列。要建设全国文化中心还必须推动全国文化中心与全国政治中心、国际交往中心、科技创新中心的有机融合，履行好新时期首都职责。

这是"十三五"时期北京建设全国文化中心的行动纲领。

在一系列中央精神指引下，在市委宣传部指导下，我们编写了这套丛书。分别从六个方面研究并论述了北京建设全国文化中心的现实状况、实现路径和未来方向：

北京作为全国文化中心城市，首先要建成中国乃至世界的文化精品创作与研发中心。要破除我国目前在文艺创作中出现的有高原无高峰的现状，通过净化文化精品育成的环境，完善创作机制，健全传播与接受机制建设，创作出具有时代特征并能得到人们普遍认可的既有"思想性""艺术性"，同时又具有"观赏性""消费性"的作品。伟大的时代需要与其相称的伟大艺术精品和引领伟大时代艺术的文化艺术大师。北京建设文化精品中心，就要充分挖掘和利用北京独一无二的深厚文化资源和人才资源，在传承优秀民族文化经典和吸收国外先进文化的基础上，排除干扰，聚精会神，目不旁骛，潜心打磨，必将产生一批有世界影响力的文化大家和文化经典，实现文艺创作和艺术教育从高原到高峰的飞跃。

北京建设文化创意培育中心，旨在通过文化创意培育有效提升北京的文化凝聚力、文化生产力和文化创造力，为北京的文化中心建设提供软实力支撑。作为全国文化创意培育中心，文化创意是城市可持续发展的"推进器"。创意北京建设的着力点，在于通过创新教育模式、创意权益的保护、城市空间的合理规划、创意氛围和社会环境的营造、城市创意指数的构建、优势行业的培育与发展等，把文化创意培育中心建设融入到北京城市转型发展和创新驱动战略之中，全面提升北京文化创意产业的质量和效益。

北京建设文化人才集聚教育中心，充分体现出人才对城市发展的重要性。在城市大竞争的时代，人才尤其是文化创意人才，作为城市发展最主要推动力的作用正日益展现出来。在某种意义说，全球高端城市的竞争从根本上说是人才的竞争。北京建设高水平的文化人才集聚教育中心，是要在当代文化、科技与经济高度融合发展的时代背景中，通过建立国际化的高端人才吸引机制、健全现代化的文化人才激励机制、打造系统化的文化人才管理机制、完善全方位的文化人才保障机制等一系列举措，为城市建设培育、吸引优质的复合型的文化创意人才，为提升城市发展水平和品质提供智力支撑。

北京建设文化信息传播中心，承载着服务首都、辐射全国的双重使命。从全球传播格局来看，北京声音在一定意义上代表着中国声音，大力发展北京文化信息传播，在国际传播格局中赢得一席之地，是新形势对北京

的更高要求。加强文化信息传播中心建设，发展文化信息传播产业，既符合北京城市功能地位，又能与国家文化软实力建设中发挥全国示范作用的要求相适应。在"互联网＋"引领我国文化领域大发展的新时代，北京大力发展文化信息传播，应秉持"大传播"理念，强化互联网思维，努力探索在传统媒体与新媒体融合语境下如何提升主流媒体传播影响力与公信力的途径，加快推动传统媒体和新兴媒体深度融合的探索与实践，提升北京在全国乃至世界文化信息传播格局中的公信力、号召力。

北京建设文化要素配置中心，旨在厘清全国文化中心城市的核心文化要素，并对其进行合理配置。城市文化要素拥有多样化的分类和属性，从时间属性来说包括历史文化与现代文化两大类，从功能属性来说包括首都文化服务功能和地域特色文化功能，从性质属性来说包括公共文化和文化产业，从形态属性来说包括精神文化和物质文化，从产业属性来说包括生产文化和消费文化。可以说，历史文化、公共文化、文化产业、文化消费以及城市所展露出的文化精神，构成了北京作为文化要素配置中心的核心支撑。同时，如何合理配置这些复杂多样的要素，使其多样共生，相融相谐，是北京面临的重大考验。北京建设具有世界影响力的文化中心城市，就是要在各文化要素配置中充分发挥北京作为中心城市和首都城市的影响力、辐射力，从而在中华民族文化复兴的伟大新时代，创构世界文明的全新经典。

北京建设文化交流展示中心，就是要面对国际国内两个市场，两个空间，树立起文化中国、文化北京的国际形象和世界城市的新品牌。北京建设文化交流展示中心，得益于北京所具有的丰富的历史文化资源，使得北京城市本身具有去向世界各国展示中华文化的特有魅力，切实有效地提升中国文化的国际影响力。文化贸易与交流展示平台是交流展示中心建设的两大支撑。其中，文化贸易是交流展示中心建设的硬实力，它以文化与经济相结合的方式，有助于北京在世界文化格局中营造话语权；而交流展示平台则是发展的软实力，讲好中国故事，展示中国精神，发掘中华智慧，滋养世界文明。这一切，都必须在全球各个国家、各个民族、不同地域之间通过展示、对话、交流、沟通来解决，最终实现双赢、共赢的共同目标。

推进北京全国文化中心建设，以文化精品创作中心、文化创意培育中心、文化人才集聚教育中心、文化信息传播中心、文化要素配置中心、文化交流展示中心为着力点，深化文化体制机制改革与创新，充分挖掘历史文化资源，完善公共文化服务体系，加强文化产业的设计和决策，灵活处理文化市场和政府指导的关系，是提升北京作为全国乃至世界文化中心影响力的必由之路。同时，我们也应当看到，文化中心建设是一个内涵和外延都较为复杂的概念，涉及文化创作、文化创意、文化人才、信息传播、要素配置和文化交流等多个层面，而且伴随着文化与科技、经济等领域的融合趋势进一步增强，建设全国文化中心不仅仅单纯是文化本身的任务，更是一个涉及多个领域的系统性工程。作为六本书的总纲，我们又编写了《北京建设国家文化中心研究（总报告）》一书，以总领并介绍各分册的内容，更利于读者阅读。

习近平同志曾指出，文化的力量，或者我们称之为构成综合竞争力的文化软实力，总是"润物细无声"地融入经济力量、政治力量、社会力量之中，成为经济发展的"助推器"、政治文明的"导航灯"、社会和谐的"粘合剂"。而应对当前我国发展面临的一系列矛盾和

挑战，关键则在于全面深化改革。必须从纷繁复杂的事物表象中把准改革脉搏，把握全面深化改革的内在规律，特别是要把握全面深化改革的重大关系，处理好解放思想和实事求是的关系、整体推进和重点突破的关系、顶层设计和摸着石头过河的关系、胆子要大和步子要稳的关系、改革发展稳定的关系。这从方法论上给了我们一把辩证法的钥匙。

欣逢伟大变革的新时代，承载着中华民族复兴的历史使命，我们信心百倍，激情满怀：我们的中国梦一定要实现，我们的中国梦一定能够实现。

目录

构筑全球人才高地

第一章
文化人才是未来世界发展的最主要推动力

21世纪将是创意经济的世纪！正像未来学家阿尔文·托夫勒在其《未来的冲击》一书中预言的：主宰21世纪商业命脉的将是创意！资本时代已经过去，创意时代正在来临；谁占领了创意的制高点谁就能控制全球！20世纪90年代末开始，创意、创意产业（Creative Industry）和创意经济（Creative Economy）迅速成为全球性的热门话题。

1998年，英国创意产业特别工作组在《英国创意产业路径文件》中首次对创意产业进行了定义：所谓创意产业，就是指那些"源自个人创意、技巧及才华，通过知识产权的开发和利用，具有创意财富和就业潜力的行业"。

创意经济是一种创意主导的、以文化产业发展为特征的新的经济形态，它正以不可阻挡之势影响着世界各国的社会发展，并将成为未来世界经济发展的必然趋势和关注焦点。2000年，美国的新英格兰地区在一份报告中（"The Creative Economy Initiative:The Role of the Arts and Culture in New England's Economic Competitiveness"），把创意经济界定为：一个由创意集群、创意阶层、创意社区三部分组成，以提升地区竞争力和生活质量为发展方向的社会经济系统。

图表1 创意经济的组成

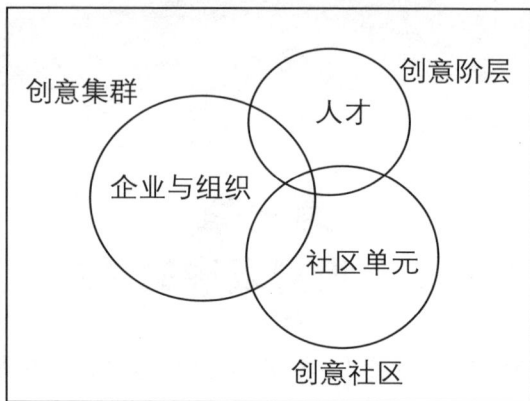

资料来源：Gregory H.Wassall, PH.D.New England's Creative Economy：Employment Update. The New England Council.2004.7.P.8

　　从对"创意产业"和"创意经济"的上述界定中可以清楚地看到，"文化人才"正在成为创意经济最核心的生产要素。世界最新兴的人才类型——"创意阶层"正在迅速崛起。

第一节 文化人才：从"知识型员工"到"创意人"

一、从"蓝领"到"金领"——"知识型员工"

　　关于人才类型的说法，大致经历了从"蓝领""白领"到"银领""金领"再到"无领"的发展演变。"蓝领""白领"分别用来指称技术、体力工作者与脑力工作者；"银领"一般是指那些既能动手又能动脑，具有较高知识水平和熟练技能的高级技术工人。而"金领"是知识经济时代诞生的一批"知识型员工"的通俗代称。从20世纪90年代末期开始，世界经济迅速进入到创意经济的时代，被称为"无领"人才的创意阶层随之迅速崛起。而无论是"知识型员工"还是"创意人"，都是随着世界经济发展而出现的新兴文化人才类型。

"知识型员工"是20世纪90年代"知识经济"时代特有的概念。1990年，联合国某研究机构最早提出了"以知识为基础的经济"(knowledge-based economy)的概念。知识经济成为和农业经济、工业经济相对应的一个概念。知识经济是建立在知识和信息的生产、分配、使用之上的经济。80年代随着世界经济的复苏，"知识信息"的大爆炸，出现了一批又一批"知识密集型企业"（knowledge-intensive firms）。这类企业的最大特点是企业竞争的优势资源来自员工的知识、信息，企业利润的最主要来源是知识型员工创造的知识商业化。即智力资本是知识型企业的核心资本。与物质资本和金融资本相比较而言，智力资本是更为重要的生产要素。

1959年，世界著名管理大师彼得·德鲁克(Peter F. Drucker)最早提出了"知识型员工"（the Knowledge Staff）的概念，他将知识型员工描述为"那些掌握和运用符号和概念、利用知识或信息工作的人"。[1]加拿大学者赫瑞比在其《管理知识员工》一书中这样界定知识型员工："知识型员工就是那些创造财富时用脑多于用手的人们，他们通过自己的创意分析、判断、综合、设计给产品带来附加价值。"[2]国内学者王兴成、卢继传和徐耀宗在《知识经济》一书中写到，从知识资本理论和人力资本理论来看，知识型员工是指从事生产、创造、扩展和应用知识的活动，为企业(或组织)带来知识资本增值，并以此为职业的人员。[3]

作为知识、技能、技术的载体，知识型员工具有较强的学习知

---

1 [美]彼得·德鲁克：《变动中的管理界》，王喜六等译，上海：上海译文出版社，1999年，第45页。

2 [加]弗朗西斯·赫瑞比：《管理知识员工》，郑晓明等译，北京：机械工业出版社，2000年，第4页。

3 王兴成、卢继传、徐耀宗：《知识经济》，北京：中国经济出版社，1998年，第8页。

构筑全球人才高地

识和创新知识的能力，他们能自主自觉地将信息、知识、技能运用于企业的研发和生产中，从而创造价值。与一般员工相比，知识型员工在个人特质、心理需求、工作特征及价值观念等方面都有与众不同的独特之处。知识型员工具有很强的独立自主意识。他们受教育程度较高，追求自主性、个性化、多样化，不愿意受制于一些刻板的工作形式。他们是企业里最富有活力的细胞体，拥有知识资本，所从事的工作不是简单的重复性工作，而是在复杂多变和不完全确定的环境下完全依靠自己的知识禀赋和灵感进行的挑战性工作。他们渴望看到工作的成果，注重他人、组织及社会的评价，强烈希望得到社会的认可和尊重。

综上所述，知识经济强调的是知识与信息在经济活动中的突出地位。知识型员工在知识经济时代扮演着极为重要的智力资本的角色。知识型员工格外强调的是他们拥有的专业知识和利用、创造新知识的能力。

二、"无领"阶层崛起——"创意人"

全球经济正在由工业经济形态向知识经济形态转变。知识经济的纵深发展，孕育推动了创意经济的兴起。创意经济在全球范围内蓬勃兴起，许多发达国家和地区相继提出了发展创意产业的政策。创意经济正在成为世界未来经济的主导经济形态，成为世界各国新的经济生长点。全球性的创意经济浪潮正在形成。英国著名经济学家约翰·霍金斯在《创意经济》一书中指出，全世界创意经济每天创造220亿美元，并以5%的速度递增。

随着创意经济浪潮的风起云涌，一个新型的人才类型"创意人"迅速崛起。

正如著名美国学者理查德·佛罗里达在其《创意阶层的崛起》一书中指出的：与其将我们现在的生活叫做"信息经济"或"知识

经济"时代，不如"从更深层次上说，我们现在的经济是一个由人类创意提供动力的经济"。[4]因此，"创意"成为我们现在的经济活动中的最珍贵的"商品"。而这种"商品"是来源于人的。"创意不能买卖，也不能随心所欲地'开启'或'关闭'"。[5]如果把创意仅仅理解为"创新""新点子"，或者理解为重大的新发明、新产品等就过于狭隘了。创意是多维的，是无处不在的。创意作为当代人共同追求的一种精神，它已经从工作范畴蔓延到了生活的各个角落，成为促进我们时代发展的最主要动力和一种改变我们基础社会形态的重要推动力。当代世界的社会结构、家庭结构、人际关系、自我身份认同等方方面面，都在发生着巨大变化。"如今，我们都在通过创意性工作来谋生，这是我们当今时代的一个重要事实。"[6]

佛罗里达对创意阶层进行了分析。他将创意阶层分为"核心创意阶层"(Super Creative Class)和"创造性专业人员"(Creative Professionals)两个层面。在他看来，"创意阶层的核心成员包括科技、建筑和设计、教育、艺术、音乐以及娱乐等领域的工作者，他们的经济职能是创造新理念、新技术和（或）新的创意内容"。具体包括科学家、大学教授、诗人、小说家、艺术家、演员、设计师、建筑师，引导当代社会潮流的小说家、编辑、文化人士、咨询公司研究人员以及其他对社会舆论具有影响力的各行各业人士。而他所谓的"创造性专业人员"是紧紧围绕这个"核心阶层"的一个更为广阔的群体："分布在商业和金融、法律、卫生保健等相关领域。这些人员主要负责解决复杂问题，需要做出大量的独立判

4 [美] 理查德·佛罗里达：《创意阶层的崛起》，司徒爱勤译，北京：中信出版社，2010年，第5页。

5 [美] 理查德·佛罗里达：《创意阶层的崛起》，司徒爱勤译，北京：中信出版社，2010年，第6页。

6 [美] 理查德·佛罗里达：《创意阶层的崛起》，司徒爱勤译，北京：中信出版社，2010年，第9页。

构筑全球人才高地

断，所以要求具备较高的教育背景或人力资本。"包括高科技、金融、法律及其他各种知识密集型行业的专门职业人员。在佛罗里达看来，不管是"创意核心阶层"还是"创造性专业人员"，他们所有成员，都具有共同的创意精神，即重视创造力、个性、差异性和实力。对于创意阶层的所有成员来说，"创意的每个方面和每种形式，无论是技术的、文化的还是经济的，都是相互关联、密不可分的"。[7]

佛罗里达从获得酬劳的方式上，将社会分为"劳工阶层"（Working Class）、"服务阶层"（Service Class）和"创意阶层"（Creative Class）。"劳工阶层"是传统的制造业、建筑业和交通运输业等行业的工作者；"服务阶层"是从事个人护理、餐饮服务以及文员等行业的劳动者。按照佛罗里达的理解和统计，2002年时，美国的创意阶层总数已经达到了3800万人，占全部就业人口的30%。大约1500万人构成了这个新阶层的"超级创意核心"，占总劳动人口的12%以上。而传统的劳工阶层逐渐走向衰落。服务阶层成员约有5500万人，虽然在数量上是最大的阶层，但是在经济活动中扮演最重要角色的却是创意阶层。在财富和收入方面，创意阶层是其他两个阶层成员平均收入的2倍。在佛罗里达看来，"改善贫困、失业和弱势群体生活的关键，既不在于社会福利制度，也不在于增设低端工作职位……而在于激发人们的创意，为他们的创意提供适当的报酬，将他们全部整合到创意产业里"。[8]

新经济的崛起推动了日常生活结构的变化，一种全新的生活方式正在兴起。创意阶层的工作方式、生活方式、工作时间和社区生活都发生了新的变化。他们的工作方式正在变为一种"无领"工

---

7 [美] 理查德·佛罗里达：《创意阶层的崛起》，司徒爱勤译，北京：中信出版社，2010年，第9页。

8 [美] 理查德·佛罗里达：《创意阶层的崛起》，司徒爱勤译，北京：中信出版社，2010年，第11页。

作方式。"艺术家、音乐家、教授以及科学家时间自由、着装随意、工作环境新奇，他们永远不会被迫工作，但也永远不会真正地脱离工作。随着创意阶层的崛起，这种工作方式已经从边缘走向主流。"[9]创意阶层不再像从前一样严格按照工作、家庭和休闲等组织化的方式生活，而是希望围绕创意体验来构建自己的生活方式。因此他们更注重个性、自我表达、差异和丰富多维的体验性生活方式。在工作时间上既不稳定也不规律，"经常在应该休息的时间工作，在应该工作的时间休息。因为，创意是无法设定在某一时间开启或关闭"。因此，一种能够提供新奇、多样性和丰富经历的社区，就成了最具吸引力的社区，成了创意的源泉。

未来世界创意城市的建设，必须按照创意经济发展需要，按照创意人才的生活、工作特点，打造创意产业园区，创建创意社区，吸引创意人才。

第二节 文化人才的内涵、分类及特点

人才是我国经济社会发展的第一资源。党的十六大以来，党和国家爱才、识才、用才、聚才，出台了一系列人才强国的战略决策：2003年12月，中共中央、国务院召开第一次全国人才工作会议并颁布了《中共中央、国务院关于进一步加强人才工作的决定》，全面部署实施人才强国战略。2006年3月，人才强国战略作为专章列入"十一五"规划纲要。2007年，人才强国战略写入党的十七大报告和新党章。2008年，中央制定关于实施海外高层次人才引进计划的意见（简称"千人计划"）。2010年5月，中共中央、国务院再次在北京召开全国人才工作会议。同年6月6日，《国家中长期人

9 [美]理查德·佛罗里达：《创意阶层的崛起》，司徒爱勤译，北京：中信出版社，2010年，第13页。

才发展规划纲要（2010—2020年）》正式颁布。2011年3月，第一个国家级人才特区——中关村人才特区启动。……随着这些政策、举措的出台和实施，我国的人才工作进入到一个崭新的历史时期。

一、文化人才的含义

党的十七届六中全会指出，推动社会主义文化大发展大繁荣，队伍是基础，人才是关键。为此，必须牢固树立人才是第一资源思想，加快培养造就德才兼备、锐意创新、结构合理、规模宏大的文化人才队伍，为深化文化体制改革和文化建设、推动社会主义文化大发展大繁荣提供有力组织保证和人才保障。

国家统计局2012年颁布了最新的《文化及相关产业分类（2012）》标准。标准将"文化及相关产业"定义为"为社会公众提供文化产品和文化相关产品的生产活动的集合"。根据这一定义，文化及相关产业包括了四个方面的内容，即文化产品的生产活动、文化产品生产的辅助生产活动、文化用品的生产活动和文化专用设备的生产活动。其中文化产品的生产活动构成文化及相关产业的主体，其他三个方面是文化及相关产业的补充。

顾名思义，文化人才就是在文化及相关产业领域里的从业人员。但具体而言，文化人才是指文化领域内具有一定的专业知识或专门技能，进行创造性劳动并对社会作出贡献的人。我们认为，文化人才定义可以分为广义和狭义两个方面：广义的文化人才可以包含所有从事文化产品及文化相关产品生产的从业人员，包括文化产业人才和文化事业人才两大类。狭义的文化人才特指从事经营性文化产业中的文化管理、生产、营销、创意、设计等方面的专门人才。

文化人才与创意人才、文化创意人才、文化产业与创意产业、文化创意产业两组概念，在核心意义上基本相同或相近，在实际运用过程中则往往略有区别，各有侧重。在国外，创意产业、文化创意产业基本等同于文化产业。按我国国家统计局制定的新的分类标准，"文化创意和设计服务"单独列为一个大类，将文化创意产业看作是文化产业中的一部分。也有许多学者指出，文化产业和创意产业、文化创意产业的区别在于：前者主要指文化内容要素起核心或主导作用的产业；而后两者主要指创意要素起核心或主导作用的产业。当下，创意及创意产业的概念更侧重于突出创意在产业经济中的核心和主导作用。因此，通常把创意要素起核心或主导作用的文化产业视为"创意类文化产业"。由此可见，创意人才是文化人才的重要组成部分。由于概念多样且区别不是很大，本书为了论述方便，将把文化产业、创意产业和文化创意产业，文化人才、创意人才和文化创意人才两组概念混同使用，内涵均指向文化产业或文化人才。

二、文化人才的分类

2004年4月文化部颁布的《关于实施人才兴文战略进一步加强文化人才队伍建设的意见》中提出了"大力加强以文化行政人才、文化经营管理人才和文化艺术专业人才为主体的文化人才队伍建设"的总体目标。2005年9月文化部颁布的《文化建设"十一五"规划》第九部分"造就一支高素质的文化人才队伍"中，强调了文化艺术专业人才、文化经营管理人才、文化产业高新技术人才三大类人才的发展目标。2012年5月，《文化部"十二五"时期文化改革发展规划》发布，明确提出了实施"文化艺术人才队伍建设工程"："实施文化名家工程、文化党政干部能力建设培训计划、基层文化人才培养计划、文化产业高层次经营管理人才培养计划、文化艺术专业技术人才知识更新计划、非物质文化遗产保护管理和专业人才培养计划、海外高层次文化人才引进计划、西部地区文化人才支持计划、优秀青年文化艺术人才支持计划，推动各类文化人才

队伍协调发展。"

从文化部颁布的一系列规划文件中可以清晰地看到，文化人才是一个多层次、多类型的综合性人才系统，在这个系统中，专业化、高素质的文化人才是各类人才队伍中的主体和核心，这个主体和核心主要是文化艺术专业人才、文化经营管理人才、文化产业高新技术人才。有学者将这三大类文化人才做了具体分类[10]。

第一类：文化艺术专业人才

(1) 文艺人才：第一，演艺人才：包括戏曲、曲艺、舞蹈、音乐的导演、创编、舞美及演员；第二，文学创作人才：包括小说、散文、诗歌、民间文学创作者；第三，美术创作人才：包括绘画、书法、摄影人才；第四，大型文化活动策划人才。

(2) 社科类人才：第一，理论研究人才；第二，科研组织管理人才。

(3) 图书情报类人才：第一，图书馆学和数字图书馆人才；第二，信息咨询和信息技术人才；第三，情报学人才；第四，古籍与地方文献人才。

(4) 文博人才：第一，博物馆研究人才；第二，历史考古和文物研究人才；第三，文献保护、修复、鉴定人才。

(5) 出版人才：第一，出版策划编辑人才；第二，版权贸易人才；第三，电子音像出版人才；第四，古籍整理人才。

(6) 新闻人才：第一，播音、主持人才；第二，采编制作人才；第三，广电工程技术人才：包括网络设计与传输技术、计算机软件和计算机维护管理人才。

(7) 体育人才：第一，优秀教练员、运动员、裁判员；第二，优秀社会体育指导员。

---

10 丁世显主编：《2008年郑州文化发展报告》，北京：社会科学文献出版社，2008年，第12页。

第二类：文化经营管理人才

(1) 文化工作、文化市场、文化产业管理人才；

(2) 文化营销和文化经纪人才；

(3) 文化会展业人才；

(4) 印刷业、出版物经营人才；

(5) 体育业经营人才；

(6) 广告经营管理人才。

第三类：文化产业高新技术人才

(1) 网络业、娱乐业经营人才；

(2) 文化创意策划人才；

(3) 文化设计制作专业人才；

(4) 数字艺术软件开发人才。

鉴于文化产业人才、文化创意人才在当前创意经济时代所起的核心和主导作用，泛泛地按照一般文化人才的类型进行论述，没有多少实际意义。因此，我们依照北京市关于文化创意产业分类标准，对文化创意人才进行分类。

北京市将文化创意产业分为文化艺术，新闻出版，广播、电视、电影，软件、网络及计算机服务，广告会展，艺术品交易，设计服务，旅游、休闲娱乐，其他辅助服务（文化用品、设备、产品的生产和销售）等九大行业。按照这个分类，我们可以将文化创意人才大致分为四大类：文化创意生产者、创意设计策划人才、创意技术人才、文化创意经营管理人才。

具体而言，文化创意生产者是创意内容的创造者和生产者，包括画家、作家、设计师、编剧、导演、词曲作家、摄影师、演员、动画设计师、工艺美术师等文化艺术创作人员。

创意设计策划人才是指把创意以最完美、最恰当的艺术形式展现出来的专门人才，包括设计师、服装师、道具师、舞美师、编辑、剪辑、策划人（广告策划人、项目策划人、节目策划人）等。

创意技术人才是指能够运用高科技手段完成创意或为创意服务的技术人才，他们一般具有较高的专业技术水平和较高的文化素质。如电脑技术人才（动画设计制作、音效制作、电影特效制作等）、广告执行文案、录音师、照明师、咨询师等专业技术人才。

文化创意经营管理人才是对创意产品的设计、策划、生产、销售全过程进行经营管理，对生产与产出进行计算，对人、财、物进行统一组织协调的人才，包括文化艺术公司经理、创意项目经理、经纪人、中介人、制片人、画廊经理、出版商等。

三、文化创意人才的素质与特征

西方早在十七、十八世纪就出现了论述"创意天才"（Creative Genius）的著作。学者Duff在1767年的著作中分析了创意构成的三个层次：一是想象力，二是判断力，三是品位。这三个层次实际上可以看作是创意人才所应具有的素质和特征的一种概括。具体而言，创意人才应该具备的素质特征可以概括为以下几个方面。

（一）创新想象能力

创意人才的创意往往来自于他们超凡的创新能力和天马行空的想象能力。所谓创新能力，就是指在已有知识、技术基础上进行分析、综合、重组、再创，从而创造出新的知识、技能、产品的能力。这种创新能力是创意人才必备的一种首要素质。想象能力是达到创新的另一种途径，是创意人凭借自己的知识、技术、经验或先天禀赋产生全新创想的一种能力。这种创想过程往往是一种灵感闪现的过程，一种"无中生有"的全新创造过程。创新能力和想象能力不仅是文化艺术生产者、创意设计策划人才、创意技术人才必备的素质，也是文化艺术经营管理人才应有的素质。

（二）综合人文素质

综合人文素质的高低直接制约着创意人创意水平的高低和质量

的优劣。所谓综合人文素质，不仅指创意人才要具有丰富的专业基础知识，一定的理论水平，合理的知识结构，还要具有知识创新的能力，具有开阔的视野，同时还要有一定的市场意识、经营理念，熟悉消费者的心理等。一个优秀的创意绝不仅仅是一个好点子、好想法，还要有市场前景和经济利益；一个高质量的创意产品也绝不是仅仅满足人们的好奇心和感官欲望，更要对人的精神人格进行提升。因为创意经济不是一种单纯的"商品经济"，更是一种"文化经济"，一种满足人的精神生活需要的"体验经济"，所以，创意人才必须具有较高的综合人文素质，才能创造出优秀的创意作品。

（三）经济技术素质

很难想象，创意经济时代的创意人才，没有一定的市场经济的理论知识，没有较高的科学技术素质，能够进行高水平、高质量的创意设计。因此，掌握必备的市场经济规律和市场营销策略，具备过硬的科学技术能力，是对创意人才的素质的又一项重要要求。凡是成功的创意作品，必然是在市场运行过程中胜出的产品，同时也必然是现代高新技术进行加工、包装的产品。例如一个动画作品、影视作品、游戏产品的制作者，必须是在充分市场调研的基础上，充分尊重市场规律的前提下，借助现代高科技手段进行制作、包装，然后才有可能在整个生产、流通、经营、销售过程中过关斩将，终获成功。

第三节　文化人才集聚与未来世界经济发展

未来世界经济是创意经济的时代，文化创意人才是未来世界经济的主要推动力。创意经济以文化人才的创意为源头，实现创意的商业化、市场化运作，是一种具有自身独特运行方式的经济形态。

一、文化产业是未来世界经济发展的引擎

20世纪90年代以来，以信息技术等高科技及其相关产业的迅猛发展为标志的科技革命宣告知识经济、文化经济时代的到来。文化产业被视为21世纪的"朝阳工业"和未来世界经济的新的增长点。2010年6月，联合国教科文组织副总干事汉斯道维勒在2010年上海世博会"城市更新与文化传承"主题论坛开幕致辞中指出，"根据联合国千年发展目标的描述，全球范围内创意文化产业和其他方面的工程项目，价值已达1300亿美元"。

创意经济是知识经济的核心内容，是新经济的重要表现形式。对这一点，阿特金森(Atkinson)和科特(Court)早在1998年就明确指出，美国新经济的本质，就是以知识及创意为本的经济(The New Economy is a knowledge and idea based economy)。美国国际知识产权联盟的年度报告《美国经济中的版权产业：1999年报告》指出，1997年美国版权产业净产值为3484亿美元，占美国国内生产总值的4.3%。1977年到1997年的20年间，美国版权产业就业人口翻了一番，达到380万人，占美国就业人口总数的2.9%，平均年增长率达到4.8%，而同期美国经济就业人口平均年增长率为1.6%。1997年美国版权产业从国外销售和出口中创利668.5亿美元，超过了包括农业、汽车、汽车配件和飞机制造在内的所有主要产业。据统计，2001年，美国的核心版权产业为国民经济贡献了5351亿美元左右，约占国内总产值的5.24%。在英国，2000年创意产业增加值已超过500亿英镑，占国内生产总值的7.9%，年增长率是其他产业的3倍，达到9%，提供岗位115万个，占总就业人数的4.1%。而根据英国文化媒体体育部2001年发表的《创意产业专题报告》(Creative Industry Mapping Document)，当年英国创意产业的产值约为1125亿英镑，占GDP的5%，已超过任何制造业对GDP的贡献；2001年的出口值高达103亿英镑，且在1997—2001年间每年约有15%的高成长率，而同期英国所有产业的出口成长率平均只有4%。在澳大利亚，1999年创意产业已占GDP的3.3%，就业人数34.5万人，占就业人口总数的3.7%。在我国的香港，2002年由香港贸易发展局公布的《香港的创意产业》的研究报告显示，直至2002年3月为止，香港创意产业聘用了超过9万人，占香港总就业人口的3.7%。我国台湾在2002年"挑战2008重点发展计划"中，提出了"文化创意产业"发展计划。在计划中，台湾把文化创意产业作为继高科技产业后另一项全力扶持的产业，在5年内辅导成立50个创意生活产业项目，希望创造3000亿元新台币的产值，带来10万个工作机会，并带动22.5亿元新台币的新投资。[11]

以上这组材料显示出，未来世界经济的竞争将是文化产业的竞争，文化产业将成为未来世界经济发展的核心和动力。然而，文化产业发展的最重要的制约因素是人，是文化产业高端人才，是文化人才！文化产业的发展不是个人行为，也不是单个企业的行为，而需要形成创意产业集群以及创意产业集群成熟的创意城市。创意城市的出现又为文化人才的集聚提供了必要条件。因此，创意产业集群、创意阶层和创意社区共同推动了"创意社群"的出现。

二、创意人才聚集——"创意社群"

美国圣地亚哥州立大学的约翰·M·埃格教授（John Eger）最早提出了"创意社群"（Creative Communities）的理论。[12]他认为，在21世纪，以"创意专业人士"为主的人才，不仅仅需要高学历，更需要创意能力、独立判断的能力，随着这些人才不断集聚在一个城市和社区，他们就构成了一个个的"创意阶层"和"创意社

11 参见金元浦：《创意产业的全球勃兴》，《社会观察》，2005(2)。
12 [美]约翰·M·埃格：《创意社群》，加州智能社群研究所，圣地亚哥："未来城市计划白皮书系列"，2003年，第24页。

群"，为城市发展提供强大的推动力，也为城市的总体规划和发展模式提供了新的思路。未来世界经济的发展依赖世界性创意城市的形成，而创意城市的兴起，最为根本的条件是"软环境"的形成，即就业机会、财富、生活素质等关键因素。换言之，就是创意城市要重组社群。这个任务的核心就是要确认艺术与文化在促进经济发展中扮演的重要角色，建立一个创意社群：一个能充分利用文化、艺术、商业和社区之间重要联系的社群，并在联系的过程中主动投入人力资源和财力，为城市做好能面对迅速发展的后工业时代和知识型经济社会所带来的巨大挑战的准备。

创意社群包括了创意产业集群、创意阶层和创意社区三个主要因素。创意产业集群是创意产业发展的平台和载体，为创意阶层的出现提供了必要条件和发展环境。创意人才是创意阶层的构成细胞，是创意产业得以运行的人力资本保证。创意产业特有的文化艺术特性，为创意阶层的出现打造了颇具吸引力的生活环境。高雅的充满艺术气息的生活格调、品位和舒适的生活环境，使一批批文化创意人才聚集在一起，形成了"创意社区"。创意社区反过来又为创意人才的集聚和创意产业的集聚起到了重要的作用。由此可见，创意社群不是特定的地理概念，而是创意产业集聚区、创意阶层集聚区与创意社区形成的各种"群落"及其相互关系的总称。

厉无畏在文章中分析了广义创意社群和狭义创意社群及其特征。广义而言，社群(community)是指在某些地区或领域内发生作用的一切社会关系，可以表示一个有相互关系的网络，或是一种特殊的社会关系；而创意社群则涵盖了创意产业发展中一切重要的社会关系，强调促进创意产业发展的社会生态，强调创意产业发展对社会组织变革和对社会转型的深刻影响。创意社群涵盖了创意产业集群、创意阶层和创意社区的内容，彼此间的影响关系如图表2所示。

图表2 创意产业集群、创意阶层、创意社区的关系示意图

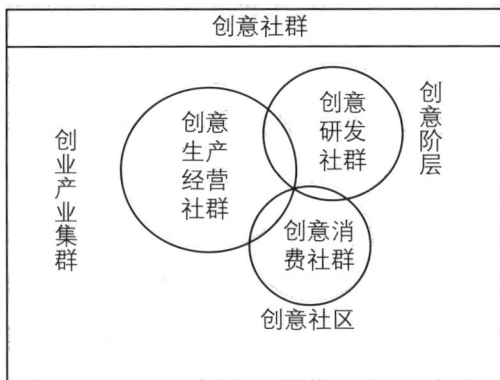

狭义的创意社群是产生创新创意活动的活态群落，区别于创意产业集群的物理空间、创意阶层的阶层划分和创意社区的活动场所，更多地关注群体的活动内容和有机联系。它具有以下特征：(1)有机互动性：创意社群是特定群体与相关创意生产经营、推广和消费之间的有机联系，这种联系不是单向的线性连接，也不存在行政上的隶属关系和管理关系，而是彼此的融合与互动，同一个创意社群可以同时与不同的创意产业集群、创意阶层和创意社区之间进行互动融合；(2)网络松散性：组成创意社群的人员可以来自全球的任何地方，不同年龄、种族、职业的人可以是同一创意社群的成员，组织结构松散，以网络为载体，创意社群成员之间具有进行充分交流的自由空间，拥有能够及时反馈修正的畅通渠道；(3)主题活动性：兴趣、项目或事件通常是创意社群形成的最初诱因，如随着美国电视剧《越狱》的热播，以"越狱"为主题的创意社群就随之建立起来。这群对《越狱》感兴趣的人走到一起，参与剧情的创意，为《越狱》中的主角命运设计不同的结局。此外，诸如"开放源代码运动"的开发者、奥运会的志愿创意者、各类体育和娱乐明星的"粉丝团"等等也是如此，各类主题活动反映了创意社群的特色内容和个性特征，这些多元化的创意社群构成了丰富多彩

的创意社会。[13]

创意社区是创意社会的空间构成单位，也是推动社会变革的重要力量。2003年4月，从整个北美48个城市挑选出来的"创意100"成员在美国田纳西州的孟菲斯市聚会，发布了主题为"缔造创意社区"的"孟菲斯宣言"。"创意社区是充满活力和富于人性化的地方，是推动个人成长的沃土，它能够激发文化与技术创新的火花，创造就业机会与财富，并能够容纳各种不同的生活方式与文化。创意驻足于每个人的身边，无处不在，因此，缔造一个创意社区就意味着是所有人都能够表达并运用自己的创意思想，并且以一个有责任心的社会公民的身份发挥创意。"[14]

2004年联合国教科文组织成立了"创意城市联盟"。目前，"创意城市联盟"围绕七大领域进行构建：手工艺和民间艺术、电影、设计、美食、文学、媒体艺术和音乐。按照严格的申请程序，截至2007年，已经有9个城市加入了"创意城市联盟"：手工艺和民间艺术城市——美国新墨西哥州的圣菲和埃及的阿斯旺；设计城市——德国的柏林、阿根廷的布宜诺斯艾利斯、加拿大的蒙特利尔；美食城市——哥伦比亚的波帕扬；文学城市——英国的爱丁堡；音乐城市——意大利的博洛尼亚和西班牙的塞维利亚。总结以上创意之都的成功经验我们发现，这些创意城市均是创意人才的集聚区，提供了优良的创意人才生存环境，高度重视创意人才的培养，创意社区内的文化创意活动频繁，为创意人才提供了优越的生活、工作条件。

英国创意产业之父、林肯大学创意经济学教授约翰·霍金斯认为，中国发展文化创意产业最大的优势在于人才。如果没有创意产

---

13 厉无畏、王慧敏：《创意社群与创意产业的持续发展》，《社会科学》，2009（9）。

14 [美]理查德·佛罗里达：《创意阶层的崛起》，司徒爱勤译，北京：中信出版社，2010年，第338—339页。

业的专门人才，机器、设备、网络等都只能是一堆冰冷的躯壳，只有把它们都合理地利用起来，把文化与科技、文化与经济有机而完美地结合起来，并且创造出适合市场需求的内容，才是文化创意产业立身的根本。最近，各地正在积极探索人才特区建设，进一步加大人才吸引力度，不断推进人才政策创新。北京市集各方之力，在中关村加快建设"人才智力高度密集、体制机制真正创新、科技创新高度活跃、新兴产业高速发展"的国家级人才特区，使其成为优质人才资源的集散地、科技自主创新的新高地、新兴产业发展的策源地，具有全球影响、体现中国特色。北京中关村人才特区即可看作是中国特色的创意集群。2011—2015年，北京市启动实施6大建设工程，全面建设人才特区：拔尖领军人才开发工程；自主创新平台搭建工程；高端成果转化扶持工程；新兴产业发展带动工程；科研学术环境创建工程；北京人才公寓建设工程。此外，上海、深圳、香港等一些国际化大都市，都在积极打造自身的创意产业集群。

第二章
文化创意阶层的崛起与世界城市的竞争

目前，在国际性创意大都市里，创意阶层迅速崛起，成为推动创意城市发展的核心力量。同时，世界范围内的人才争夺战如火如荼。在此基础上，理查德·佛罗里达等一批知名学者探索了创意人才聚集的环境评估指标理论。世界性城市创意阶层发展的成功经验，为北京建设文化人才之都提供了许多宝贵的参考。

第一节　佛罗里达的"3T"理论

国外学者围绕创意城市建设、创意社群构建、创意人才聚集、创意产业结构要素等各项指标，进行了大量的理论研究和探索。在这些理论研究中，不少学者对创意城市、创意环境等指标要素进行了理论归纳。查尔斯·兰德瑞认为创意城市指标包括人员品质、意志与领导素质、人力的多样性、各种人才的发展机会、组织文化、地方认同、都市空间与设施、网络动力关系七个要素。通过这些要素，营造出"创意生活圈"，从而形成创意集群。霍斯珀斯认为集中性、多样性和非稳定状态三个要素是关键性因素。随后格莱泽也提出"3S"理论，指出技能、阳光和城市蔓延是其关键所在。部分研究者从社区视角解释这种特殊环境。马克·波义耳提出四海一家的"无边界社区"，Meri Louekari将这种环境的形成归因于"源开

放社区"。[1]

理查德·佛罗里达则提出了著名的"3T"理论，认为技术、人才和包容度是最重要的创意经济指标。[2]他指出："技术（Technology）、人才（Talent）和宽容度（Tolerance）……对吸引创意人才、激励创新和促进经济增长都是必要的……一个真正意义上的创意中心必须同时具备这三点要素。"在他看来，创意经济发展的驱动力就来自"3T"。

技术（Technology）

技术指数包含了创新指数和高科技指数两项指标。创新指数是指创意阶层密集区人均专利数量；高科技指数对地区与高科技相关产业的规模和集中度进行衡量，用来衡量某个区域在软件开发、电子、生物制药、工程服务等增长型行业的经济规模和密集度指标。

人才（Talent）

人才指数是一项人力资本指标，用以说明拥有学士学位或以上学位人数占总人口的百分比，包括从事与创意产业相关工作的人口数量。

宽容度（Tolerance）

这一指标是根据综合多样化指数，并参照同性恋指数、波西米亚指数和人口混杂指数提出的。

各项指数及衡量依据见图表3

---

1 转引自李伍清著：《艺术社区新探索》，沈阳：辽宁民族出版社，2009年，第5-6页。

2 [美] 理查德·佛罗里达：《创意阶层的崛起》，司徒爱勤译，北京：中信出版社，2010年，第285页。

图表3 美国创意指数

指数	衡量依据
创意指数	综合以下指数
技术指数	1. 创新指数：统计每百万人口中拥有专利的数量； 2. 高科技指数：统计每百万人口中拥有高科技专利的数量
人才指数	1. 创意阶层：统计创意产业从业人员数量； 2. 人力资源指数：统计年龄在24-64岁的人群中拥有学士或以上学位的人口比重
宽容度指数	1. 同性恋指数：通过同性恋人口来作为间接反映一个地区的开放性和包容性的依据； 2. 波西米亚指数：从事艺术创作的相对人口，作为该地区艺术财富创造者规模的直接依据； 3. 人口混杂指数：统计一个地区外来人口的比重，它反映了该地区对外来人员及移民的开放度

资料来源：Florida Richard，The rise of the creative class，2002

佛罗里达运用"3T"理论对美国的城市进行了评估和排名，结果见图表4。

图表4 美国创意经济区域排名

地区	创意指数	全国排名	分类排名			
			创意类别	高科技	创新	多样化
旧金山	1057	1	12	1	5	1
奥斯汀	1028	2	7	13	6	23
圣地亚哥	1015	3	6	2	12	41
波士顿	1015	3	30	14	13	4
西雅图	1008	5	20	3	34	11
达拉谟	996	6	5	16	8	52
达拉斯	960	11	14	28	11	60
洛杉矶	942	13	46	4	79	5
芝加哥	935	16	29	10	56	46

资料来源：Florida Richard， "Cities and the creative class"，New York：Rouledge.2004

佛罗里达和艾琳·泰内格利又将"3T"理论运用于欧洲，提出了欧洲创意指数。

欧洲技术指数

高科技指数，即统计每百万人口中拥有高科技专利的数量，指对地区的技术相关产业的规模和集中度进行衡量，如软件业、电子业、生物医药产品、工程服务等；

研发指数，即统计在研究与发展上的投入占GDP的百分比，指在研究与发展新型概念的高端就业阵容，创意阶层在一个地区的相对集中度。

欧洲创意人才指数

创意阶层指数，统计创意职业数据库，通过从事创意产业相关工作的创意阶层人口数量作为评判的依据，一个地区的核心竞争力取决于其吸引、保留和发展创意人口的能力；

人力资源指数，统计年龄在24－64岁的人群中有学士或以上学位的人口比重；

科学才能指数，统计在1000名工人中研究人员和工程师的数量，研究创意生产力、经济增长与国家竞争力之间的动态关系。

欧洲包容指数

态度指数，通过统计同性恋人口分析这一地区人们对异样事物的宽容度，是一项间接反映一个地区的社会开放性和包容性的依据；

价值指数，调查一个地区的人民对宗教、民族、家庭、女权、离婚及堕胎等问题的取舍和价值取向。运用众多的其他学科如人类学、社会学、统计学来建立其文化价值指数系统，诸如多样性、创造力、社区、全球化、参与度和文化产业、创意产业等；

个性表达指数，调查地区内大学演讲、企业论坛、演唱会、展览展销会、艺术品拍卖会、竞选周期、选民意识、社会设施等的次数和规模，以此来体现人们对自我表达、生活品质、民主、信任、休闲、娱乐、文化的心理感受和行为表现；

波西米亚指数，旨在提供该地区文化和艺术财富者规模的直接依据，并暂定这一人群是生活方式丰富、创意活动活跃的代表。通过统计地区内从事艺术创作的相对人口来衡量；

人口混杂指数，统计一个地区外来人口的相对比重。这一指数反映该地区对外来人员及移民的开放程度，人口的到来和融合可以被视为经济增长的新的驱动力。

通过以上欧洲创意指数模型，佛罗里达和艾琳·泰内格利比较了美国和欧洲15国的创意指数，得出的结论是：瑞典是最有创意的国家，美国第二。欧洲人才指数评比显示：美国第一，芬兰和荷兰紧随其后，比利时、英国、瑞典尚可，法国、希腊表现不突出。欧洲技术指数对比结果显示：瑞典和芬兰仅次于美国，其次是德国、丹麦、荷兰、比利时、法国和英国。欧洲包容指数对比结果显示：最宽容的是西班牙人和瑞典人，而美国这个指标较差，低于13个欧洲国家，而丹麦、荷兰和芬兰在包容性方面也有非常明显的竞争优势。

第二节 全球化与世界的人才争夺战

"经济全球化"（Economic Globalization)这个词最早是由T·莱维于1985年提出的，至今没有一个公认的定义。简单地说，经济全球化就是指世界经济日益成为紧密联系的一个整体。具体是指经济技术资源在全球范围内的优化配置，通过对外贸易、资本流动、技术转移、提供服务、相互依存、相互联系而形成的全球范围的有机经济整体。即资本、技术、信息、人才等生产要素突破国界，在全球范围内加速流动与组合。

经济全球化的客观要求和必然趋势便是人才国际化，同时人才国际化也是经济全球化必不可少的基础和条件。两者关系相互促进：经济全球化的不断发展，推进人才国际化的不断深化；而人才国际化程度的进一步提升，又能推动经济全球化的进一步发展。

经济全球化在各个方面的表现，决定了人才国际化的诸多方面的特点。生产活动的全球分工决定了不同国家的不同人才类型和特征。跨国公司全球崛起决定了国际人才竞争的"本土化"方式：国内人才国际化。生产要素的全球配置决定了人才在国际间流动的必然性。信息技术的全球推进决定了国际人才竞争"零距离""网络化"等特征及人才工作方式"灵活化"等特征。自由贸易全球一体决定了国际人才竞争"空间扩展化"等特征。经济组织全球协调决定了国际人才竞争"格局多元化"等特征。总之，伴随着经济的全球化，人才国际化趋势日趋明显，人才观念、人才评价、人才培养、人才素质、人才待遇等方面都已经国际化，国际间的人才流动日益频繁，经济竞争越来越依赖于人才的竞争，大国之间人才争夺战也正在如火如荼地上演。在这场没有硝烟的战争中，各国使出了各式各样的"秘密武器"。

一、美国：多举措的人才战略

美国多年来一直实施人才强国战略。美国的经济、科技和军事等诸多方面的成就，很大程度上得益于其行之有效的人才战略。美国拥有世界上数量最多的科研机构和高等院校，博士授予单位数量和每年获得博士学位的人数世界第一，也是世界上获得诺贝尔奖人数最多的国家。因此美国的研发人才数量居世界首位，各类高层次人才储备数量世界第一。美国一直以来实施两大人才战略：国内培养与国外引进。

从国内培养人才战略来看，美国政府十分重视教育和培训，鼓励各种形式的人才选拔方式：

（一）美国历届政府均高度重视教育和培训

一直以来美国将教育视为立国之本和人才培养的关键，并把人才教育作为国家的重点发展战略。各届政府相继出台了一系列法案和报告，如：1958年的《国防教育法》、1983年的《国家处在危险中：教育改革势在必行》、1985年的《普及科学——2061计划》，到1991年的《美国2000年教育战略》，再到后来的《为21世纪而教育美国人》《美国为21世纪而准备教师》等。政府出台这些文件的根本目的就是为国家未来发展储备高素质的人才资源。

（二）各级政府大幅度增加教育和科研的资金投入力度

在有了一系列法案、法规保证的基础上，大量的资金投入是一切教育战略得以落实的根本保障。美国政府每年的教育、科研资金投入居世界第一位。各州近40%的经费都用于教育，地方政府的财政收入主要用于教育。巨额的经费投入为各级各类教育提供了丰厚的物质基础，也使美国的中等、高等教育入学率一直保持世界第一位。

美国对高等教育的投入也是世界最高，因此美国也成为拥有世界一流大学数量最多的国家。目前美国拥有高等院校3400多所，国家级高校228所。全国60%的高层次人才集中在高等院校。

（三）美国还高度重视职业教育和继续教育

1966年美国颁布了《继续教育法》，在法律上保证了继续教育的进行。美国职业教育的发展与两年制的社区学院有很大关系。美国有着世界上最完善的社区学院系统，目前美国60%以上的大学都是社区学院。美国企业也十分重视本单位员工的职业培训。许多著名公司设有专门的职业培训机构、人力资源中心，有的还开设有自己的公司大学，专门为本公司定制培养所需要的各类人才。

美国第二种人才战略就是从国外吸引、争夺人才。具体做法包括以下几个方面：

（一）人才移民战略

美国吸引人才的一项重要策略就是给非美国籍的高科技人才发放永久居住证，俗称"绿卡"。2012年11月30日，美国众议院通过《高科技人才绿卡法律草案》，每年将向5.5万名国外高科技人才发

放绿卡，允许获得绿卡的人才配偶和子女到美国居住，并可等待申请绿卡。这意味着，美国要"狮子大开口"争夺世界高科技人才。

积极招收国外留学生已经成为世界主要发达国家争抢人才的重要武器。近年来，到美国留学和深造的外国留学生每年都超过20万人，这些人毕业后大多留在美国工作。此外，美国还通过国际合作、聘用外国专家学者充实科研队伍等方式吸引他国人才。美国通过对移民法的不断修正，以挑选的方式吸引众多外籍科技和专业人才，并充分利用这些人才所携带的技术、智慧和资本来加快美国经济与科技的发展，从而使美国在科技领域内始终保持其国际领先的地位。

（二）人才环境战略

美国通过创造优越的发展环境和生存环境的办法，吸引并留住杰出人才。首先，高薪诱惑。许多高精尖人才、杰出人才、稀缺人才，美国政府不惜重金聘用，并提供高额的工资待遇。其次，为高端人才提供充足的科研资金支持。美国科研经费投入占国民生产总值的近3%，充足的科研经费，加上优厚的社会福利待遇、医疗保障、退休金制度、住房保障等举措，使高端人才没有任何生存之忧，专心科研。再次，良好的创业、科研环境。美国每年为高端人才的知识更新、技术更新、专业深化等方面连续增加投入，并保持持续增长。一流的科研条件、实验室、充足的科研后勤保障等，都使高端杰出人才工作起来得心应手，成果不断，极大地满足了他们的事业成就感。

（三）人才合作战略

美国政府为跨国、跨行业的技术合作交流积极搭建平台，提供政策扶持和倾斜，通过项目、跨国技术课题攻关等形式手段，为人才交流合作提供便利。据统计，目前美国已与世界70多个国家地区签署了各种形式的技术合作协议。它们利用各自的自然资源和智力资源开展深层交流合作，共投经费，共研成果，共同受益。美国许多跨国公司，纷纷利用这些合作机会，在其他国家成立分公司和人力资源开发中心等，高薪聘请所在国的高端人才。

（四）人才流动战略

美国拥有全世界近80%的人才中介公司或猎头公司，各种规模的此类公司达几万家，已经形成较为成熟的人才竞争机制和人才市场，实现了人才要素与其他要素的最佳组合，使各类人才能力才干最大化。美国的人才流动可分为纵向性流动和横向性流动两大类。纵向性流动的特点：招聘自由、辞聘自由、来去自由。横向性流动的特点：竞争—淘汰机制给人才流动带来勃勃生机。美国的人才流动中蕴含着一种不进则退的竞争机制，它给各类专门人才以压力和动力，从而成为企业和社会充满活力的源泉。

二、英国：全球化的人才观

与美国相类似，英国政府也十分重视人才兴国的发展战略。与其他西欧国家相比，英国各类人才数量名列前茅。英国的生物、医学、信息、金融、教育等领域出类拔萃的高端人才众多，仅剑桥大学诺贝尔奖得主就有78位，比其他欧盟大国一个国家的获奖人数都多。

为了能全面提升英国的人才质量，英国政府从20世纪80年代起就开始进行一系列教育变革，确定了进一步提高全体国民知识技能水平，使教育更好地适应社会、经济发展的需要的人才培育战略。为此，政府出台了一系列教育改革方面的政策、规定。例如，2002年英国政府发布了《21世纪的技能——发挥我们的潜力》的白皮书，阐述了英国人才培养方面面临的困境和解决的对策，明确了英国人才培养的发展战略，为国家人才储备和个人自我价值实现提供必要的政策支持和技能培训。2003年1月，英国教育和技能部发表《高等教育的未来》白皮书，这是英国政府在高等教育方面的发展战略目标，即创造一个能保持世界领先水平的高等教育体制，帮助国家更好地应付日益

明显的全球化挑战。2004年1月，英国国会下院通过政府提出关于提高大学学费和贫困生助学金的《高等教育法案》改革草案。2004年7月，英国教育和技能部发表有关《儿童与学习者的五年战略》，这些重大政策、法规极大地推动了英国的人才发展。

此外，英国政府十分重视发展高等教育，加大力度发展继续教育。对于高等教育，政府除了提供制度、政策保障之外，还加大资金投入，促进高精尖人才的培育。为了发展继续教育，政府专门颁布了《继续高等教育法案》《教育改革法案》等以保证继续教育的经费投入。自2001年起，英国政府将主管继续教育的教育科学部更名为教育与技能部，并增加了终身学习和高等教育部，以保障继续教育的顺利开展。为了提高技能培训的层次水平，英国政府出台咨询报告《为了可持续增长的技能》，目的是要提高人才技能，打造英国的技能体系，实现国家经济的可持续发展。

英国人才战略的第二个方面就是吸引国外人才。英国政府多措并举，网罗天下英才。这些措施主要包括全球化的人才发展战略、宽松自由的人才流动机制和针对不同人才推出的不同政策。

案例：英国人才政策的特点

第一，英国奉行全球化的人才观，对人才流动采取比较自由放任的宽松政策。英国政府认为，在经济全球化的大背景下，货物、服务、资本、信息都是高流动的，人才也像其他商品一样受到价格因素的影响而流向报酬高的国家和地区，政府很难利用政策去加以限制。据悉，英国每年都有不少高科技人才受优厚报酬的吸引而流向美国，对此英国并不刻意限制，而是执行"来去自由"的政策。有关部门曾算过一笔细账：一个优秀的英国互联网人才，在美国一年可创造1000万美元的利润，但他（她）个人每年回到英国消费以及将部分资本注入伦敦金融城，最终能将600万美元花在英国。

第二，独特的实用主义和功利主义人才理念。英国在基础研究方面人才辈出，但在高科技应用领域的人才并不很多，然而英国依然在高科技领域走在世界的前列，其中一个重要奥秘就在于:他们认为与其花费大量资金和时间、精力去培养一个高科技人才，倒不如花钱购买一个高科技人才已经创造出来的研究成果。一个拥有很高学历和丰富实践经验的人，不一定就是难得的人才；但是一个已经创造出科研成果的人，却必定是真正意义上的人才。于是，英国一直在耗费巨资、千方百计地吸引这类人才，并不惜重金购买他们的高科技成果。

第三，人才来源广泛。英国所瞄准的是全球人才，而不仅仅局限于培养和使用本国的人才。英国政府规定：英联邦国家的技术人才，不需要办理工作签证就可以在英国工作两年。这种广揽人才的做法，已经从英联邦内的加拿大、澳大利亚等国家吸引了不少专业技术人才。而英国的信息产业，近年还向中国和印度人才敞开大门。这些外来人才的进入在很大程度上填补并平衡了本地人才的流失。

第四，用人机制灵活。为了更多、更广泛地吸引外来人才，英国政府近年来已开始倡导"多文化共存"及"多民族共存"的策略。英国还对外来移民的工作许可证制度进行了调整，重点是放宽对外国技术移民的法律限制，估计今后每年从发展中国家移民英国的技术移民可达到10万人左右。同时，判别人才的权力也下放到全英的著名跨国公司、科研机构等，它们将拥有自行签发工作许可证的特殊权力。（资料来源：郑永辉：值得借鉴的英国人才战略[N]，市场报，2001年3月19日，第八版。）

三、日本"从内到外"的人才战略

面对世界大国激烈的人才竞争形势，日本政府将"建设充满活力社会，强化国际竞争力"作为一项重要战略目标，并制定了相应的人才发展战略，大力培养国内人才，积极吸引国外人才。

（一）多举措实施人才发展战略

从2001年起，日本开始全面实施21世纪"科学技术创造立国"的发展战略，提出培养国内各类人才的方针。同年文部科学省颁布实施"远山计划"，改革公立大学管理体制，全面引进竞争机制，改善高校办学条件。2002年以来，又从人才的培养、使用、待遇、流动等多个方面，出台了一系列政策，形成了近年来日本的人才发展战略框架。

日本提出了"产学官"合作研究机制，增强大学和科研机构的科研能力和水平，并努力将科技成果转化为社会生产力。在成果转化取得良好的经济效益和社会效益之后，会将一部分经济收益重新返还到科学研究中，以促进科研的进一步发展，形成良性互动。目前，以民间企业为主体、大学为科技教育主干、官方起促进作用的"产学官"合作，已经成为日本人才战略的突出特点。日本政府在加强"产学官"合作方面实施了许多措施，例如文部科学省等政府职能部门构筑科技信息系统；通过因特网等提供人才开发及科技成果转化信息；对国立大学、政府研究机构的先进研发设施实行对外开放共同利用；鼓励大学教师及研究机构人员到企业从事研究指导活动，即实施兼业许可制；设立"技术转让机构"（TLO），到2003年2月已经依法设立此类机构31家；从2002年开始，日本文部科学省每年选择50所大学的100多个重点科研项目进行资助，每个项目资助5年，每年1亿至5亿日元不等。这些措施的实施，不仅促进了知识创新、科技成果转化，而且为人才成长铺平了道路。

为了让更多的国内人才迅速脱颖而出，使国家人才的发展进入良性循环的轨道，日本实施了一系列重大的改革措施。例如广泛普及任期制，加强人才流动；用"竞争性研究基金"等手段，激发人才竞争意识；提高科研人员的经费支持，改革科研成果评价机制，提高研究人员的自主性；实施"资助博士后研究的万人计划"，为青年人才提供优越的成长环境。这些举措实施以来，极大地调动起科研人才的研究热情。日本国立科研机构的科研人员在实施任期制以后，科研成果质量数量大幅度提高。

（二）采取优惠政策吸引国外人才

日本政府制定了《外国人员招聘制度》，鼓励大学及研究机构积极聘用外籍教师，并通过改善研究环境及提高待遇等方式激励外籍研究人员最大限度地发挥潜力，在各个科研领域取得成果。2008年，日本提出了"接受30万外国留学生计划"，将日本外国留学生的人数由当时的12万人扩大至30万人，并计划让五成以上的留学生留在日本就职。日本政府还非常重视外国留学生所发挥的沟通作用，将外国留学生看作是未来日本加强与各国友好关系的宝贵人才。此外，日本政府为使留学生安心学习，还积极向他们提供住宿、心理咨询等生活方面的帮助，同时鼓励日本企业聘用外国留学生，让他们在日本社会有所作为。

第三节 纽约与伦敦：世界性城市的创意阶层崛起

作为高度推崇个体创造性的创意产业来说，创意人才更加具有举足轻重的意义。佛罗里达在他的《创意阶层》一书中强调了创意阶层对于创意产业的极端重要性。他认为，从根本上看，文化创意产业的高速发展依靠文化创意人力资本的投入产出和文化创意阶层的崛起。

目前，从全球来看，创意阶层在世界经济中的地位不断上升。在美国，漂泊性的工作（软件设计师和阁楼艺术家等）占据了劳动力总数的12%，而一个世纪前只有5%。在英国，英国文化、媒体与体育部(Department for Culture, Media and Sports, DCMS)发布的《2001年英国创意产业路径文件》显示，2001年英国创意产业产

值约为1125亿英镑，占英国当年GDP的5%，已超过任何制造业对GDP的贡献。1994年，61个申请读大学的人中有一个寻求艺术家或者设计师的职业，五年后，这个比例已经是1∶19。

创意产业需要大量复合型人才。一方面，创意产业无疑需要很多优秀的科学家、设计家、工程师、建筑师、投资人、金融家；另一方面，创意产品的一个重要特征是无形化、文化化和艺术化，所以创意产业需要"波西米亚人"，即富于灵感的艺术家（包括先锋艺术家）、民间艺人、自由撰稿人、文化学者甚至哲学家。创意产业还需要管理人、广告人、媒介工作者等中介人。

创意阶层的精神气质表现于他们生活的各个方面，他们偏爱能提供多种选择的、富有活力的城市和社区。那些"在技术、人才和宽容"的程度上排在前列的城市吸引了大批创意阶层的成员，形成了自我促进的良性循环。反过来，创意阶层也培植了艺术、音乐、夜生活，创建了新的名胜，比如纽约的"硅港"、伦敦的切尔西、中国上海的"新天地"以及北京的"798"、宋庄、三里屯等。

一、纽约创意阶层的崛起[3]

2007年，美国国家科学基金会(National Science Foundation)下属的科学资源统计处(Division of Science Resources Statistics, SRS)公布了一系列研究报告。报告显示，美国的专业人才队伍是由美国本土出生的人才及外国出生的人才两大部分组成，后者又是由留学人员、移民及临时工作签证持有者三大部分组合而成。留学、移民、工作签证是美国在激烈的国际人才竞争中制胜的三大法

---

3 本节参考："2005年度上海市人事局"课题报告《纽约、伦敦、巴黎、东京四城市与上海人才管理机制比较研究》；胡又牧：《透视美国人才现状》，《国际人才交流》，2008 (3)；宋萌：《美国人力资源管理新发展趋势》，《标准科学》，2010(2)；褚劲风著：《创意城市 国际比较与路径选择》，北京：北京大学出版社，2014.01。

宝，而高度发达的教育与科研体系，良好的工薪待遇与工作、生活条件，高度开放与包容的社会环境，以及个人成才的广阔空间与机遇，则是美国成功吸引外国人才的关键优势因素。

权威的统计数字表明，20世纪90年代以来，创意经济在美国日益受到重视，成为经济发展不可替代的驱动因素。2002年，美国创意产业产值达到5351亿美元，在GDP中所占比重达到5.24%，创造就业岗位800万个，接近全国总就业人数的6%。在人才的培养机制方面，美国更注重以创意产品、产业为导向的创意经济人才链的构建，重点培养"创意核心群"，同时聚集"创意专业群"，前者的工作完全与创意融为一体，如电脑软件设计、图书出版、媒介经营、娱乐产品等；后者的工作则需创意的支持、支撑，如技术管理、金融操作、法律服务等。

（一）纽约创意阶层

纽约是世界经济、贸易和金融中心之一，在世界经济中具有较强的竞争力和影响力。纽约的创意人才集聚区最早是在格林威治村。20世纪70年代，一批艺术学校毕业的新一代创意群体在此地聚集，形成了创意集聚区。在这里，这批艺术家活动频繁，很快又吸引来大批音乐家、舞蹈家、诗人等。慢慢地这里成为20世纪以来最为典型的波西米亚主义文化风格社区，吸引了美国著名的文人墨客、艺术家等各种创意人才聚集于此，成为著名的创意人才集聚区。20世纪80年代以后，由于人口集聚，房租上涨，治安紧张，创意群体横跨曼哈顿，第一次聚集到了布鲁克林威廉斯堡以外的地区。

另一个著名创意人才集聚区是SOHO区。它与北京798的发展历程十分相似。工业化时代，这里是美国著名的制造业中心。19世纪80年代，这里成为纺织品工业区，兴建了大量的工业建筑。这些建筑都是按照法国第二王朝的建筑风格进行建造的，是用弯曲的铸铁、油漆模仿成大理石圆柱和拱形窗户的铸铁建筑。20世纪后，纺

织工厂退出这一区域，遗留下大量纺织品仓库。30年代，这一区域由于早已荒废闲置，租金极低，所以一批批艺术家瞄准了这个"黄金宝地"，将仓库加以改造，变成了工作室兼住宅。70年代，纽约政府将SOHO区的26个街区定为历史保护区，由此这片街区成为世界上最集中、最大的帕拉第奥式和意大利风格铸铁建筑保护区，成为集居住、商业、艺术为一身的世界最完善的文化时尚社区之一。此后，越来越多的艺术家、创意人才搬进SOHO区，成就了今日纽约最著名的艺术区和最集中的创意人才集聚区，被誉为"艺术家的天堂"。

纽约聚集了以创意产业为主的众多企业。据统计，2005年，纽约有创意企业24481个，就业人数达到230899人。仅在纽约的创意核心区，就有11671个创意企业和非营利组织，就业人数占纽约总就业人数的5.7%。据2007年年初统计，纽约创意产业从业人数已近30万人，创意产业人才占当地就业人口总数的12%。与艺术相关的创意实体超过4.5万个。创意经济从业人员平均年薪比其他产业高出2万美元。这些创意产业的从业者，大都来自世界各地，具有广泛的国际视野和较强的文化包容性。纽约之所以能牢牢吸引创意人才的脚步，得益于当地富有吸引力的政策措施、良好的产业氛围以及独具魅力的城市人文精神。

（二）纽约创意人才战略

美国的人才主要立足于国内培养，大学是输送人才的主要基地。目前美国有3000多所高校，教学、科研、社会服务是美国高校的主要职能，各个学校有不同的侧重，研究型大学的总数不到100所。纽约共有25所大学，其中包括纽约大学、纽约州立大学、哥伦比亚大学、西点军校等著名的大学。这些大学为纽约输送了大批的高层次人才。除了大学教育以外，职业技术教育也是高等教育的一个重要方面。高中毕业生如果想领取某一专门职业的工作执照，必须参加相应的职业技术教育，如电脑维修、电工、会计助理等，然后参加政府或企业的职业考试，领取职业执照。

纽约市企业引进人才不需要受到地域、户籍等限制，因此可以从整个美国进行招聘，招聘的主要依据是人才的能力、工作经历和受教育程度等。企业采取多种手段，从外部引进人才，招聘其他企业的员工或者刚毕业的学生，也可以从内部招聘人才。此外，纽约的企业非常重视培训，一般公司员工培训时间一年在10天左右，花费占到全部工资总额的5%左右。高技术公司一般要对新进人员进行3-6个月的培训，然后每年都进行培训。很多公司将培训作为公司的福利。

美国政府为了使用全球的优秀人才，建立引进外国人才的机制，包括技术移民、临时工作签证、留学绿卡、聘请外国专家、国际合作与跨国投资等。纽约政府也采取多项措施积极引进国外高端创意人才。例如签订长期合约、给科研人员提供良好的科研条件及工资环境、提高人才的福利待遇、提供相应的劳动保障等。

美国是移民国家，纽约更是个移民城市，企业在人才管理上充分照顾移民本民族的文化和其他需要。企业制定相应的放假制度，适应不同民族的需要。有些企业还开设学习不同文化的培训班，以帮助员工相互了解更好合作。企业平等招聘人才，制定了合理的工资体系、福利和研究条件激励和保留人才。

二、伦敦创意阶层的崛起[4]

伦敦从莎士比亚时代起就是世界上最重要的戏剧艺术之城。如今，伦敦也是众多艺术形式的中心，包括音乐、舞蹈、美术等。在伦敦，创意产业被看作是保持其全球文化领先地位的首要手段。伦敦正在以其高速发展的创意产业来增强其在生活、工作、投资、旅游等方面的吸引力，以吸引世界人才，推动城市发展。

在伦敦，创意产业得到了政府强有力的扶持。《伦敦市长办公室文化战略》认为"艺术和文化是一个文明社会的基本标志，所有政府都有责任为其市民的共同利益来投资并扶持艺术和文化"。2012年伦敦奥运会之前，政府举办了一场为期十周的文化庆典——2012伦敦艺术节。艺术节不但会将伦敦的创意人才及其作品展现出来，而且也是把众多国际艺术家及其作品带到这座城市来的良机。奥运会的召开，进一步增强了伦敦市民对其城市文化的认同感和自豪感。

伦敦拥有数量巨大的文化资本储备和丰厚的文化遗产。大英博物馆、皇家歌剧院、泰特现代美术馆、国王广场、英国电影学院、圆屋剧场等成为这个城市的一张张文化名片。伦敦街头的艺术节、狂欢节、艺术博览会精彩纷呈，比如海德公园的无线音乐节、维多利亚公园音乐节、泰晤士河畔艺术节、格林尼治和码头区的国际艺术节、诺丁山狂欢节、伦敦新年夜、伦敦眼等。伦敦还拥有世界闻名的设计、艺术和时装院校，伦敦时装周与巴黎、纽约、米兰时装周齐名。伦敦文化种类繁多，文化多元，使整个城市表现出了极大的文化自由、宽容。

---

4 本部分参考：欧文斯著：《世界城市文化报告2012》，上海：同济大学出版社，2013.08，"2005年度上海市人事局"课题报告《纽约、伦敦、巴黎、东京四城市与上海人才管理机制比较研究》；向勇、周城雄编著：《中国创意城市》，新世界出版社，2008.11，梅萍：《英国创意阶层形成及发展》，中国美术学院，2009。

相关链接：英国部分创意节事活动

名称	概况
伦敦时装周	由英国时装协会发起，期间有超过50场官方表演以及多场非官方表演，众多明星设计师集聚交流
伦敦设计节	始于2003年，旨在支持及推广伦敦及整个英国的创意设计发展
伦敦艺术展览会	成立于1988年，展示了英国艺术精华，汇集了大量的艺术家及创意人
英国时尚大奖	与美国设计师协会的时尚大奖齐名，为备受世界瞩目的时尚盛会
生活设计展	每年6月在国际会展中心举办
皇家艺术学院夏季展	每年6月至8月在皇家艺术学院举办
菲列兹艺术展	每年10月在伦敦娱乐休闲中心举办
理想家具展	每年3月在爵士庭院酒店举办
伦敦国际音乐展	每年6月11日至14日在国际会展中心举办
英国国际车展	每年7月在国际会展中心举办
特纳奖获奖作品展	每年10月在泰特英国美术馆举办
伦敦船展	每年1月9日至18日在国际会展中心举办
切尔西花展	每年5月19日至23日在国际会展中心举办

资料来源：根据卞向阳主编：《国际时尚中心城市案例》，上海：上海人民出版社，2010年，134—136页整理。

　　英国的创意产业包括了13个行业部门：广告、建筑、艺术和古玩市场、工艺品、设计、时尚设计、电影与录像、互动休闲软件、音乐、表演艺术、出版、软件设计、电视与广播等。在这十三个行业中，每一个行业都有创意产品的主创人员或者是主创团队，而其他的从业人员则参与创意产品的制作、分销、零售，主要从事的是一种创意辅助性的工作。因此英国将创意产品的主创人员或主创团队与从事创意辅助性工作的人员放在一起，统称为"广义创意阶层"，并将前者称为"核心创意阶层"。这个"核心创意阶层"

构筑全球人才高地

以科学家、工程师、大学教授、诗人、小说家、艺术家、演员、设计师和建筑师为主体，同时也包括现代社会的思想领导阶层：文学作家、编辑、文化人士、咨询研究人员、分析家和其他意见制定者。在这个核心群体之外，创意阶层也包含这样一些"创意职业人员"，他们工作在以知识为基础的高科技、金融服务、法律、健康职业和商业管理等广泛的领域。

英国经济从制造型向创意服务型转变10年之后，英国整体经济增长率为22.6%，而创意阶层所创造产值的增长率却超过了45%，软件自2002年起取代服装成为最大的创意行业。2000年英国整个创意阶层所创造的增加值已经超过500亿英镑，占国内生产总值的7.9%，年增长率是其他产业的3倍，达到9%。英国创意阶层所创造的产值在英国国民经济中占据越来越重要的地位。

（一）伦敦创意阶层

伦敦政府在2004年公布的《伦敦：文化之都——发掘世界级城市的潜力》中提出了伦敦文化战略，包括："多样性，满足各市民群体不同文化需求；卓越性，提升世界一流文化都市地位；创造性，以文化创新作为城市发展动力核心；参与性，市民人人有机会参与文化活动；价值性，从本市文化资源中获取最大价值。"伦敦的文化战略力争维护和提升伦敦作为"世界卓越的创意和文化中心"的美誉。2008年，伦敦市长鲍里斯·约翰逊公布了第二份文化战略草案《文化大都市——伦敦市长2009——2012年的文化重点》，亦将发展创意产业、提升城市公共服务功能、保持文化多样性等目标作为文化发展战略的重点。

几个世纪以来，伦敦一直是一个世界级的创意中心，也是全球著名的创意人才集聚中心之一。有数据显示：全英1/3的表演艺术公司位于伦敦，全英70%的录音室、90%的音乐商业活动、75%的电影电视广播产业收入、46%的广告收入、12000个在电影委员会登记的电影拍摄景地、1850个出版企业、7000个学术杂志落户在伦敦。创意产业增加值占伦敦经济的15%，其劳动力占伦敦从业人员的20%，交易额在25万亿至29万亿英镑之间。这决定了伦敦创意阶层的产生。在伦敦，有68万人从事创意产业的工作，占英国人口的12%。全国33%的艺术及古董代理商、46%的广告从业人员、80%～85%的时装设计师、超过2/3的电影工作者齐聚伦敦。英国历史悠久的大学不仅散发着他们古老的神韵，而且也潜移默化地熏陶和培养着他们的学生，是影响创意阶层产生的重要因素。此外，伦敦的人才储备还通过源源不断的国内外移民得到持续的补充，海外来伦敦的人才每年以0.6%的速度增长，至2006年约占全国8%左右，2007年更是达到12%。数量远远高于英国其他地区。

（二）伦敦创意人才战略

伦敦的人才培养方式主要有学校教育、职业培训，以及其他的辅助学习与培训方式。

学校教育一直是伦敦人才战略的重中之重。教育投入被视作一种人才投资战略。伦敦共有大学28所、高教教育学院12个、继续教育学院54所，总计在校学生约70万人。这些大学或学院是伦敦人才学校教育的主要力量。另外，各类职业培训也是人才培养的重要形式。再培训和再教育的目的是扩大和更新员工的知识，以适应不断变化着的工作和生活的需要。其形式以自愿学习团体、民间组织的高校和函授学校为主。培训类型包括学徒式学习、国家执业资格培训、政府支持的培训、与工作相关的培训、非职业课程和职业课程学习等。

伦敦既是一个充满魅力的国际大都市，同时又是一个生活与工作成本很高的城市，人才的去留始终充满变数。因而向其他国家或地区引进与保留优秀人才，也是伦敦人才管理的重要环节之一。受市政府委托，伦敦开发署发起成立了650万英镑的技能培训基金，并帮助成立一个成效明显的并易于进入的学习市场，以帮助伦敦用

人单位吸引、引进与挽留熟练的国外员工。英国高等教育基金委员会(Higher Education Funding Council for England，HEFCE)还制定了一项引进人才的专项计划。该计划规定高等教育部门的新员工，若其专业在教育学、IT、工商管理、法律及临床医学范围，均可获得Golden Hellos，第一年的标准为4000英镑，第二年为3000英镑，第三年为2000英镑。

对于伦敦的人才引进与保留机制而言，伦敦津贴具有特殊的地位。伦敦额外开销制度成立于1974年，主要用于补偿伦敦更高的生活及工作支出。在20世纪90年代，这种补偿逐渐成为伦敦工资的一部分，并在不同行业采用不同的方法。位于伦敦的收入数据服务公司(Incomes Data Services Ltd.，IDS)对伦敦65%的组织机构进行了一项调查，结果表明中央伦敦或内伦敦区的伦敦津贴中值为每年3145英镑，其中公共领域的津贴为3167英镑，金融服务业的津贴为3535英镑。另外，有些单位以"引进与保留人才津贴（RRA）"取代了"伦敦额外开销补贴"及其他的补贴，以满足安置、招聘及保留人才的需要。

在2002年，英国共有602700个工作职位虚位以待；在2003年，依然有587000个空闲岗位。因此，英国政府也希望通过采用合适的移民政策来填补这些空缺。据英国统计部门报告，2002年有108000份劳工证申请，其中88622获得通过。这个成功申请的比例说明英国政府已经将外来移民作为解决劳动力不足问题的措施之一。据英国官方统计，自1997年以来，外来移民使英国人口增长了100万人，占同时期总人口增长的81%。在2000年至2004年，进入英国并处于工作年龄段的移民中有44.3%选择定居在伦敦。相反，同年龄段的英国出生的本地人只有9.4%居住在伦敦。这充分说明，伦敦对外来移民的吸引力非常之大，外来移民对伦敦的经济发展起到了重要作用。

在人才流动、晋升与工资调整中，伦敦市具有一定的特色。在工作流动性方面，根据一项对社会经济领域年流动率的调查，内伦敦的年工作流动率是整个英国平均值的1.3倍，外伦敦的年工作流动率是整个英国平均值的1.1倍。这种高工作流动率的形成原因，一方面来源于伦敦相对多的工作就业机会，另一方面也可能来源于其相对大的工作强度与工作压力。高级岗位工作评估（Job Evaluation for Senior Position，JESP）是英国财政部发起的工作评估方法，它可以协助各个部门对工作进行连续性评估。同样，高级人才工资评估体系(Senior Salaries Review Body，SSRB)也是激励高级人才的重要举措。这两种制度能够吸引与激励高端人才，发挥他们在城市发展中的中流砥柱作用。在缺乏资源对员工工资进行明显性调整的情况下，用人单位可以根据个人表现、留任情况及市场行情选择性地采用年度晋升评议。在企业中，工资政策的变化更加灵活。

在文化的多元性方面，伦敦较英国任何其他城市都更为明显。在英国的所有外裔人员中，有很大一部分居住在伦敦。其中，45%的黑人与亚裔学生居住在伦敦，伦敦总共有50000多名国际学生。这种情况同样反映在伦敦的劳动力市场上。事实上，伦敦的人才管理机制体现了多元与包容的思想。伦敦市长利文斯通（Ken Livingstone）在2004年竞选中就赞扬了伦敦文化多元化的一面，但同时提倡要减少不平等。伦敦的用人单位大多主张构建一支具有多样性及有价值的队伍，力求招聘、选择、培养在各个方面具有潜力的优秀人才，并认为组织的实力会因为一个多元化的团体而获得提高。

第四节 文化创意阶层的崛起：北京建设世界性城市的重要标志和发展动力

文化创意产业是文化、科技和经济高度融合的产物。它凭借独特的产业价值取向、广泛的覆盖领域和快速的成长方式，正在成为全球和现代产业发展中的新亮点，其发展规模已经成为衡量一个国家或城市竞争力的重要标志。

一、北京文化创意产业的发展

近年来，北京市按照中央的要求，围绕首都21世纪的发展，多次研究酝酿、反复讨论21世纪的奋斗目标。北京市根据"十一五"确定的"新三步走"战略部署，从北京的实际出发，规划了首都发展的三个阶段：第一个十年打好基础，即到2010年，率先在全国基本实现社会主义现代化，构建起现代化国际大都市的基本框架；第二个十年巩固提高，即到2020年，使北京的现代化程度大大提高，基本建成现代化国际大都市；再用三十年时间争创一流，使北京成为当代世界一流水平的现代化国际大都市。

北京对文化创意产业高度重视，确立了"发展文化创意产业、打造创意之都"的发展战略，出台了《北京市文化创意产业投资指导目录》《北京市"十一五"时期文化创意产业发展规划》，设立了文化创意产业发展专项基金，初步确定了北京市数字娱乐示范基地10个创意产业集聚区……随着北京市"十一五"时期文化创意产业规划目标的提前实现，"十二五"时期北京市将更加重视文化创意产业的发展，各区县在"十二五"规划中都把文化创意产业确立为重点产业、重点发展。

《中国文化产业年度发展报告(2013)》显示，2005年至2011年，北京市文化创意产业增加值从674亿余元增加到1938.6亿元，增加值年均增长率为17.4%，占GDP的比重从9.7%提高到12.1%。据统计，2012年，北京市文化产业实现增加值2189.2亿元，同比增长10%，占GDP比重提升到12.3%，成为仅次于金融业的第二大支柱产业。2013年北京市文化创意产业实现增加值2406.7亿元，增速为9.1%，高于GDP将近1.5个百分点。全市规模以上文化创意企业实现收入10022亿元，同比增长7.6%。北京文化创意产业已成为北京经济发展的重要支柱和最活跃、最具有增长潜质的产业部门。

二、北京创意阶层的崛起

人才是创新、创意活动的主体，是文化创意产业发展和持续繁荣的关键。北京创意产业集聚区以及文化名城与首都的优势地位吸引了大批文化人才，不仅包括享誉全国的文化名人、文学家、艺术家和学者，而且还有众多的领导人才、管理人才、创作人才和表演人才。全国70%以上的影视公司、发行公司和后期制作单位都云集北京，形成完整产业链。北京的电影生产和消费均居全国前列。北京地区集中了353家科研院所，77所普通高等院校，其中拥有设计类专业的院校有37所，在校学生过万人，是国内设计人才储备最充足的地区；拥有2万多家覆盖工业、服装、广告等领域的设计公司，从业人员达10万人；聚集了方正、用友等一大批文化创意产业领域的高科技企业，微软、IBM等约有400家跨国公司在京设立了研发机构。各类专业人才聚集北京，不断开展各种创意、创新活动，不断推出新作品、新观念，使得北京文化创意产业充满活力，蓬勃发展。

北京的文化创意人才资源优势，主要体现在以下两个方面：一是文化创意人才资源的本土培养。北京高校和科研院所林立，为发展文化创意产业培养了大批的文化创意人才，提供了坚实的智力支持。清华大学、中国人民大学、中国传媒大学、北京服装学院、北京电影学院、中央美术学院等众多高校，纷纷设立文化创意相关专

业或人才培训基地，走"官、产、学、研"有机结合的发展模式，实现人才优势、学研优势和资本的有效结合，化优势为产业发展的内在驱动力，为北京发展文化创意产业添才加智，为文化创意产业的腾飞打下了坚实的基础。二是吸引留学归国人员和海外文化创意人才的聚集。2009年，北京市实施海外人才聚集工程，以吸引海外高层次人才来京创业。这些高层次人才的引进，往往会吸引或带动更多的高层次人才来京创业，聚集效果将日益显现。2010年中关村科技园区共吸引从事文化创意产业的归国留学人员已突破一万人。这些海外或有留学背景的文化创意人才在京聚集，带来的不仅仅是文化创意产品，更重要的是海外先进的文化创意理念。中西文化、不同文明和理念在这里碰撞，必然会产生五彩缤纷的创意火花，赋予文化创意产业以新的内容，滋养着文化创意产业的健康发展。

不过，北京文化创意产业人才还不能满足该产业发展所需。文化创意产业发展需要聚集一大批具有国际知名度的高层次、高素质的文化创意人才，但是北京文化创意产业人才不足已成为制约产业发展的重要因素。以动漫游戏产业为例，尽管国内开设动漫游戏专业的高校有近百个，但培养的人才以低端制作人员和高端纯研究人员为主，人才结构失衡，创意、创作人才缺口非常大。为此，需要转变文化发展方式，充分借鉴经济改革和科技发展领域的成功经验，引进文化创意产业发展所需要的各类优秀人才——战略策划人才、产业运营人才、企业管理人才、金融(上市)人才、投融资人才、科技创新人才特别是创意人才，并大力培养每一个相关专业的专门人才，发展文化创意产业。

三、创意阶层——北京建设世界城市的动力与标志

2009年12月召开的中共北京市委十届七次全会，正式提出了把北京建设成为中国特色世界城市的目标。与纽约、东京、伦敦和巴

黎相比，北京同样具备丰富的政治、经济、文化功能，同样具备丰富的科技、智力资源，同样具备丰富的历史、文化遗产，加上中国特色社会主义的内在要求，作为宏观调控职能的所在地，北京完全可以而且应该建设成为世界城市。

所谓世界城市，就是有世界影响力的城市，是聚集世界高端企业总部和人才的城市，是国际活动的聚集地，是会都之城、旅游之都、代表发展方向的中心城市。北京建设世界城市，不仅要在经济发展方面吸引世界500强企业总部入驻，而且要吸引经济、文化、科技、旅游、体育、社会等方面的国际组织总部前来落户。要创造条件积极吸引各种国际会议在北京召开，吸引各国人才在北京开创事业。北京在认真做好为国家开展对外交往活动服务的同时，应积极利用首都的国际化特征和优势，充分运用国际通行的方式方法，集散国际资源，创造当代财富。

2009年，国际"全球化和世界城市研究小组"将全球242个世界城市分成5级12段。公认的处于顶级A段的世界城市有纽约、伦敦和东京三个城市，此外还有顶级B段的世界城市，如：巴黎、芝加哥、法兰克福、香港、洛杉矶、新加坡。现今世界主要的大都市如纽约、洛杉矶、伦敦、巴黎、东京等都积极利用文化创意产业进行城市建设，并大量输出其特有的城市文化产品，以维持其世界城市地位与竞争优势。

随着北京市文化创意产业发展规模的不断扩大，产业国际化程度也逐步加深，聚集了一大批国际性创意人才，部分创意产品和企业开始走向国际市场，产业在国际竞争中的地位不断提升。北京已经成为中国文化创意产品和服务贸易最重要的地区，优势行业出口规模居全国前列。形成了若干具有一定国际知名度和影响力的文化创意产业集聚区。其中，北京市798艺术区、潘家园古玩艺术品交易园区、中关村软件园等已经发展成为具有一定国际知名度和影响

构筑全球人才高地

力的文化创意产业集聚区。创意产业融资日益国际化，越来越多的北京市文化创意企业放眼国际资本市场。2004年底，北青传媒在香港上市成功，融资额达到10.4亿港元，为北京市文化企业利用国际资本市场融资积累了重要经验；2007年7月，北京市完美时空网络技术有限公司在美国纳斯达克上市，标志着中国文化将伴随着网络游戏走向世界；2009年4月2日，搜狐畅游在美国纳斯达克上市，这是金融危机爆发以来中国概念股在美国主流证券市场首次公开募股（IPO），首个交易日涨幅高达25.12%。一批骨干文化创意企业加快了其国际化进程。北京市文化创意产业已经形成了一批在国际上有影响力和竞争力的企业。如用友的ERP软件、金山的网络游戏、汉王的手写识别系统、方正的中文排版系统、瑞星的杀毒软件、华建的机器翻译软件等自主知识产权产品已经进入国际市场。[5]

虽然国际著名创意城市的发展呈现出诸多鲜明的特点，但几乎所有的国际性大都市都将创意城市作为未来城市的发展目标。这对北京发展创意城市有着十分重要的启示。伦敦 2003 年提出要维护和增强伦敦作为"世界卓越的创意和文化中心"的声誉，成为世界级创意城市。新加坡早在 1998 年就将创意产业确定为 21世纪新加坡的战略性产业，将城市发展目标确立为"新亚洲创意中心""一个文艺复兴的城市""全球文化和设计业的中心"。目前公认的世界城市纽约、伦敦、东京等的具体特征，往往表现为国际金融中心、决策控制中心、国际活动聚集地、信息发布中心和高端人才聚集中心五个方面。[6]北京市要实现创建全国文化创意产业中心城市，以及更长远的世界创意都会的宏伟目标蓝图，就要结合城市定位和文化创意产业的实践来规划筹策，比照国际经验和标准逐步完善。

---

5 曹淑艳：《北京市文化创意产业发展研究——基于北京市建设世界城市的视角》，《国际商务：对外经济贸易大学学报》，2012(2)。

6 高宏存：《世界城市的文化建设之路——北京文化创意产业的区位选择与空间布局》，《北京规划建设》，2010(12)。

人才是北京打造国际化创意之都的动力和标志。佛罗里达在《创意经济》一书中指出，创意阶层的崛起是"世界磁石城市"的基石，没有创意人才就不可能有创意产业，更不可能产生创意城市。国内学者盛垒和杜德斌也就国际著名创意城市提出了一些标准：发达的创意产业，密集的创意阶层，强大的技术创新能力，宽松开放的创意氛围，众多知名的大学，高效的知识产权保护体系，完善的制度结构。在创意时代，一个城市只有形成一个具有多样性、宽容性及创意氛围的环境，才能够吸引更多的文化创意人才，发展文化创意产业，建设创意之都，促进城市的经济繁荣和可持续增长。

第三章
北京文化人才集聚教育的基本状况

2014年初，文化部与财政部联合启动了"2014年文化产业创业创意人才扶持计划"，以加大对文化产业创意人才培养力度，进一步提升文化产业领域创意创业水平，充分发挥文化创意在助推国民经济转型升级、提升国家产业竞争力、提高人民群众生活质量和增强国家文化软实力等方面的重要作用，加快文化创意与我国制造业、建筑业、信息产业、旅游业、体育产业、特色农业等国民经济相关领域融合发展。北京作为全国的首都，在习近平同志的亲自指导下，正在坚持和强化首都的全国文化中心战略定位、深入实施"人文北京"战略。在这场战略行动中，把北京建设成为文化人才集聚教育中心，以带动区域、全国的文化人才发展，提升中国文化人才的世界影响力，将是一个重要的发展任务。

第一节 北京文化人才的基本状况与特点

一、北京文化人才的基本状况

所谓文化人才，是指文化领域内具有一定的专业知识或专门技能，进行创造性劳动并对社会做出贡献的人。具体到北京市，为了统

计数据的方便，我们把凡是从事文化创意产业管理、生产、营销、创意、设计等工作的文化企事业单位从业人员，都列入文化人才范围。

（一）文化人才总数和就业贡献增长迅速

北京市文化创意产业近几年来发展迅速。从2004年至2012年北京市文化创意产业主要指标来看，其年产值和收入每年均以10%以上的比率增长。从劳动力市场指标来看，文化创意产业的就业人口数在2004年时仅有74.7万人，占全市总就业人口的8.68%，到了2012年，该产业的就业人数已达到152.9万人，占总就业人口的13.81%，平均以每年11.14%的比例增加。由此可见，北京文化人才总数不仅快速、稳步增长的势头明显，而且文化创意产业为北京市的人口就业做出了很大的贡献。文化创意产业是一个以人的创意为主要经济增长模式的产业，人才是保证文化创意产业顺利发展的重要支柱。上述数据充分显示出，北京持续改善的文化人才状况正在为北京的文化创意产业发展奠定良好的基础。

图表5 2004—2012年北京文化创意产业主要指标

年份	2004	2005	2006	2007	2008	2009	2010	2011	2012
增加值（亿元）	613.6	700.4	812.	1992.6	1346.4	1489.9	1697.7	1989.9	2205.2
占全市GDP(%)	10.1	10.2	10.3	10.6	12.1	12.6	12.3	12.2	12.3
业务收入(亿元)	2468.0	2793.6	3614.8	4601.6	5439.6	5985.7	7442.3	9012.2	10313.6
就业人口（万人）	74.7	83.9	89.5	102.5	107.0	114.9	122.9	140.9	152.9
全市就业（万人）	854.1	878.0	919.7	942.7	980.9	988.3	1031.6	1069.7	1107.3
全市就业比重(%)	8.68	9.56	9.73	10.87	10.91	11.6	11.91	13.17	13.81
资产规模(亿元)	4636.7	5140.3	6161.0	7260.8	8275.1	9535.3	11166.3	12942.6	15575.2

数据来源：北京市统计年鉴

图表6 北京市文化创意产业就业人口及其就业比重

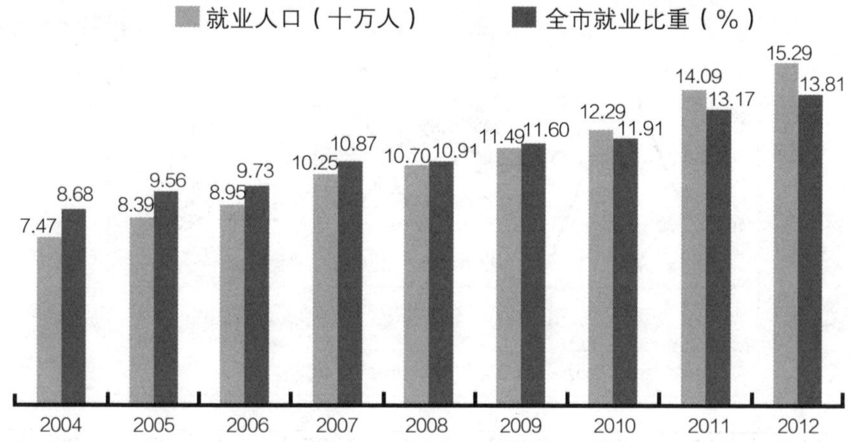

就业人口（十万人）　　全市就业比重（％）

2004 7.47 8.68　2005 8.39 9.56　2006 8.95 9.73　2007 10.25 10.87　2008 10.70 10.91　2009 11.49 11.60　2010 12.29 11.91　2011 14.09 13.17　2012 15.29 13.81

数据来源：北京市统计局网站

（二）文化人才与文化产业的增速不匹配

　　根据图表5中显示的2004—2012年北京文化创意产业资产规模数据测算，北京市文化创意产业资产规模的年均增长率高达15.8%，而从业人员平均以每年11.14%的比例逐渐增加。图表7给出了文化创意产业就业人口增速与资产规模增速的年对比数据，从图中可以清楚地看到，资产规模的增速大于就业人口的增速，资产规模增速每年均稳定在10%之上，最高在2012年达到20.34%，在2006年也有一个19.86%的峰值，从趋势上来看，资产规模增速处于稳步略有上升的态势。反观就业人口增速，除了2005年、2007年和2011年的增速在10%之上外，其它各年的增速均在10%之下，更值得注意的是，在就业人口增速的三次下行中，可以发现分别在2005年以后和2011年以后出现与资产规模的增速的两次背离。这说明北京市文化创意产业的技术密集性增强，伴随文化创意产业的投资规模增加，其就业吸纳能力并未随之增加。

构筑全球人才高地

图表7 文化创意产业就业人口增速与资产规模增速

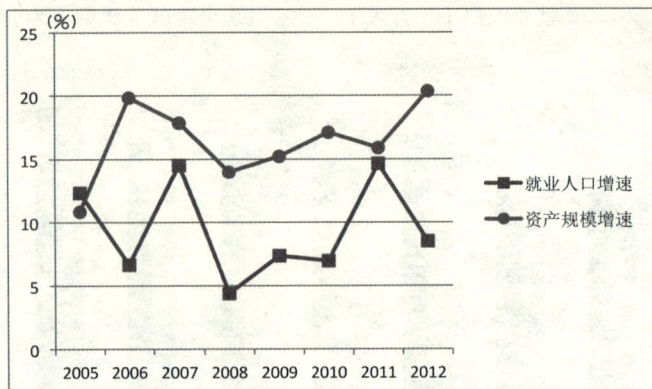

年份	2005	2006	2007	2008	2009	2010	2011	2012
资产规模增速	10.86	19.86	17.85	13.97	15.23	17.1	15.91	20.34
就业人口增速	12.32	6.67	14.53	4.39	7.38	6.96	14.65	8.51

数据来源：北京市统计局网站

（三）文化人才在九大行业的分布不均

文化人才在文化创意产业九大行业中的分布不均。从图表8可看出，到2013年6月末，北京市文化创意产业从业人员平均人数达103.5万人，但增速进一步收窄至2.6%，其就业人数占全市就业人数的10.85%。其中增速较大的为艺术品交易，软件、网络及计算机服务，设计服务，广告会展等新兴行业，而文化艺术、新闻出版等传统行业则出现了下降。由此可见，北京文化创意产业中的新兴行业集聚了更多的文化人才。

图表8 2012—2013年上半年北京市创意文化产业九大行业产值与就业情况

领 域	收入合计(亿元)		从业人员平均人数(万人)		收入合计(亿元)		从业人员平均人数(万人)	
	2012年1-11月	同比增长(%)	2012年1-11月	同比增长(%)	2013年1-6月	同比增长(%)	2013年1-6月	同比增长(%)
合 计	7414.6	10.3	99.8	6.2	4482.3	8	103.5	2.6
文化艺术	132.8	18.1	3.5	−2.5	81	2	3.6	1.7
新闻出版	619.3	12.3	10.5	−0.1	338.8	9.4	10.6	−1.2
广播、电视、电影	567.6	15.1	4.6	2.5	315.1	2.4	4.7	1.4
软件、网络及计算机服务	2931.2	13.6	49.3	10.6	1616.1	9.5	51.9	6
广告会展	844.2	2.1	5.9	6.4	485.6	0.5	6.4	4.1
艺术品交易	322.7	3.6	1.2	10.2	592.9	27.5	1.3	8.3
设计服务	302.3	10	7.3	9.9	168.8	5.2	8.1	5.5
旅游、休闲娱乐	663.7	19.1	8.1	1.2	350.2	12.6	8.2	−0.2
其他辅助服务	1030.8	0.6	9.4	−2.6	533.8	−1.4	8.7	−11.2

数据来源：北京市统计局网站

二、北京市文化人才的特点

据徐晓明的文章《文化创意人才对政策扶持有何期盼》[1]披露，北京市国有文化资产监督管理办公室在2013—2014 年进行了一项有关北京市流动文化创意产业人才的专题调研。由于在北京2012年152.9万文化创意产业从业人员中，流动人员约有101万，占比三分之二，因而此次调研结果基本能够显示出北京市文化人才的特点。调研显示，北京市文化人才呈现出年轻化、知识结构不佳、收入总体偏低、流动性强、注重自我价值实现等特点。

---

1 徐晓明：《文化创意人才对政策扶持有何期盼》，《中国人才》，2014(7)。

（一）队伍年轻化

从年龄结构来看，此次调查对象的年龄都在50岁以下，26至30岁的占41%，25岁及以下的占33%，由此可见北京市文化人才表现出队伍年轻化的特征。队伍的年轻化，一方面说明文化创意产业在首都经济发展中刚刚起步，正处于上升阶段，其展现出的活力和生机吸引了更多的年轻人；另一方面说明，年轻人具备较强的创造力和创意激情，更富于想象和创新，也更敢于冒险，因此更适合文化创意产业的需要。

（二）知识结构不佳

从学历看，在流动性文化创意产业人员中，高中及以下学历占调查对象的14%，大学专科、本科和硕士分别占30%、49%和7%，博士学位的有1%。本科及以上人员占比不到60%，受教育程度整体上看不高。从学科看，42%的专业为理工类，28%为文科类，17%为艺术类，13%为其他专业。这说明流动文化创意产业从业人员中理工专业毕业的人员居多，这固然跟北京流动文化创意产业从业人员近三分之一从事软件、网络及计算机服务有关，但无论如何，这个特点对于十分强调文化积淀和创意才能的文化人才队伍来说，不算是一个利好的消息。此外，流动性文化创意产业人员中有海外受教育经历的占5%，有海外工作经历的占6%，可见，北京的文化人才中有海外经历、国际经验的人员很少。

（三）收入总体偏低

从收入情况来看，21%的受调查者年收入在3万元以下，37%年收入在3万至6万元之间，26%处于6万至10万元之间，13%处于10万至20万元之间，3%在20万元以上。总体看，收入差距不明显，大多数集中在3万至10万元之间。但收入水平在6万元以下的占比58%，低于2012年北京市职工平均工资水平。可见，北京文化人才的收入水平总体偏低。不过，流动文化创意产业从业人员的收入水平与年龄、受教育程度总体上呈正相关关系，随着工作年限和受教育程度的增加，收入水平总体呈上升趋势。

（四）人才流动性强

此次调查发现，大部分人参加工作的时间是1至6年；60%的受调查者更换过1至3份工作，27%的未换过任何工作；从事一份工作最长时间为1至3年的占51%，10年以上的仅占4%。可见，北京文化人才的工作流动性较大，在一个岗位长期工作的时间较短。同时调查中的"留京意愿"指标，在某种意义上也能够反映出北京文化人才的流动情况。数据显示，40%的人愿意继续留在北京发展，52%的人不太确定是否留在北京发展，5%的人表示不会继续留在北京发展。这说明几乎有一半的文化人才很可能因为各种各样的原因离开北京回到地方发展。

文化人才流动性强，跟文化创意产业本身的特点密切相关，如文化创意人才供给量少于需求量，文化创意产业各部门类间既相互区别又相互关联，文化创意人才大多年纪轻、头脑活等因素，文化人才大都不会长期固守在某一个工作岗位上，而是经常会去寻求更大的发展空间。同时，由于许多文化创意行业的生产组织形式表现为松散的个体劳动和简单的集体协作，该领域的从业人员大多数属于自由职业者，一般不从属于某个固定的经济体；但文化人才的流动性过强，就会带来人才流失，使北京文化创意产业难以进行人才储备。

（五）注重自我价值实现

此次调查显示，在工作满意度方面，流动文化创意产业人员中，45%的受调查者对收入的满意度一般，占比最高；46%的人员对工作环境比较满意，占比最高；46%的人员对工作时间比较满意，占比最高。从总体上看，受调查者虽然对收入不满意的情况较突出，但对工作的满意度整体上较高。这说明北京市的文化人才

在收入不理想的情况下，更看重工作的性质，更注重自身价值的实现。在他们心中，成就和精神的满足比收入更能激发他们工作的热情，而传统的激励手段如酬劳和职位的晋升的则退居较为次要的地位。

同时，从调查情况看，流动文化创意产业人才非常希望在北京这样的国际化大都市发展，以更好地实现自身价值。他们愿意参与政府组织的各项活动，但实际上，社会活动的参与率较低，交际圈有限，社会融入度不高。

第二节 北京文化人才集聚的状况分析

关于人才集聚，我们按照一些学者的研究，将其定义为在一定的时间内，随着人才的流动，大量同类型或相关人才按照一定的联系，在某一地区（物理空间）或者某一行业（虚拟空间）所形成的聚类现象。其主要特征表现为空间性、聚类性和规模性。[2]文化人才集聚是文化人才在流动过程中所表现出来的一种特殊状态，是指一个社会已经存在和即将存在的分散文化人才的各种动力促使文化人才流动，而向某一地区集聚，进而形成一个较大的文化人才群体的过程。北京作为国家的政治文化教育中心，一直是国内文化人才集聚程度最高的城市之一。

一、北京文化人才集聚载体

北京市文化人才形成集聚和其载体是分不开的，北京市文化人才集聚的载体大致有三个：文化企事业单位；人才培养和研究机构；文化创意产业集聚区。

---

2 牛冲槐：《人才聚集现象与人才聚集效应分析及对策》，《山东科技大学学报》（社会科学版），2006（3），第13—17页。

（一）文化企事业单位

北京作为全国的文化、教育中心，历来是文化企事业单位云集之地。而文化企事业单位是各类文化人才集聚最重要的载体。据北京市委宣传部副部长张淼在2013京港洽谈会文化创意产业项目推介洽谈会上的发言，2012年北京市仅文创企业数量就已突破5万家，其中规模以上企业8000多家，显示出了强大的产业集聚和人才集聚效应。并且在北京如此壮大的文创企业队伍中，非公经济已经成为了主力军。数据显示，在2012年在北京规模以上文创企业中，非公有制及混合所有制单位实现收入7355.9亿元，占全市规模以上文创产业的79.2%，税金和利润总额也分别占全市规模以上文创产业的83.7%和85.9%。正是在北京这些日益增长的文化企业以及文化事业单位中，集聚了越来越多的文化人才。

（二）人才培养和研究机构

高等院校和研究机构是文化人才聚集的重要载体。一些发达国家和地区，通过实施高校人才集聚战略，聚拢了来自世界各地的优秀文化人才，促进了经济和文化的飞速发展。实施以高校院为载体的人才集聚战略，促进自身快速发展的同时，可以增强地区的经济实力和国际竞争力。北京现有各类高等学校179所，其中有一大批以人文艺术为优势特色的高校和专业，它们和中国社会科学院、中国艺术研究院等众多的研究机构一起，成为北京市文化创意产业相关人才培养和集聚的主力军。

（三）文化创意产业集聚区

文化创意产业集聚区是北京市发展文化创意产业的重要载体，也是北京文化人才集聚的重要依托地。目前，北京市已先后认定了30个市级的文化创意产业集聚区，涵盖了全市16个区县及文化创意产业9大领域。另外还有近百家区级的集聚区和特色街区，集聚区会聚了一大批骨干企业和文化人才，初步形成了以市级文化创意产

业集聚区为龙头、区级集聚区、众多各具特色的文化创意街区、文化创意新村组团式集群发展的良好态势，并在此基础上初步形成了798、通州宋庄等地的创意社区和创意社群。据《北京市文化创意产业功能区建设发展规划(2014—2020年)》显示，截至2013年底，30家市级集聚区内的742家规模以上文化创意产业法人单位，共实现收入1407.8亿元，占全市规模以上文化创意产业总收入的14%；从业人员达到14.8万人，占全市比重14.1%。

二、北京文化人才集聚水平分析

为了更真实准确地反映北京市文化人才集聚水平，我们设计了"文化人才集聚度"这一模型来对其进行衡量。文化产业集聚度是指每万人拥有的文化人才数，其模型为：$H = \sum_{i=1}^{n} P_i$，其中 H 为文化人才集聚度，n 为文化人才的种类数，P_i 为每万人所拥有的各类文化人才。H 值越大说明集聚水平越高。

依照北京市对文化企业的定义，我们认为其文化人才是身处以下文化企事业单位的人才，这些企业为：文化艺术，新闻出版，广播电视、电影，软件、网络及计算机服务，广告会展，艺术品交易，设计服务，旅游、休闲娱乐及其他辅助服务业。所以文化人才应该是文化艺术类人才、新闻出版类人才等9大类，也就是说 $n=9$。通过对2011—2013年北京市文化人才数据的查找，我们得到如下数据：

图表9　2011—2013年北京市文化企事业单位从业人员

项目	平均人数（人/万人）		
年份	2013	2012	2011
文化艺术	7.4	7.2	7.4
新闻出版	15.4	15.6	15.1

项目	平均人数（人/万人）		
年份	2013	2012	2011
广播、电视、电影	6.1	6	5.5
软件、网络及计算机服务	75.7	69.8	61.3
广告会展	13.5	12.5	11.5
艺术品交易	2.8	2.8	2.5
设计服务	13.8	11.9	10.1
旅游、休闲娱乐	11.2	11.1	10.6
其他辅助服务	15.7	16	16.9

数据来源：北京市统计年鉴

通过上表我们可以算出 $H_{2013}=161.7$，$H_{2012}=152.9$，$H_{2011}=140.9$。这三个数值表明，从2011—2013年，北京市的文化人才集聚度在明显提高，显示出一种良好的发展趋势。

与国外文化产业较发达的国家比较来看，北京市的文化人才集聚水平已达到了一个很高的水平。2011年，韩国文化产业从业人数约为55万人，其中游戏产业从业人数为9.96万人，广播、电视、电影产业为6.7万人，音乐产业为7.8万人。这些产业的各产业从业人数都多于北京市同产业的从业人数，但其从业人员总数少于北京同期人员总数。此外根据2013年11月发布的法国文化创意产业经济观察研究报告显示，法国文化创意产业60多种职业共有120万从业人员，占全国总就业人数的5%，而北京市的文化产业就业人数占总就业人数的13.81%。在法国文化创意产业从业人员中绘画与造型艺术从业人员30.8万人、表演艺术26.8万人，音乐制作24.1万人，广播、电视、电影29.9万人，报刊业10.2万人，图书业8万人，电游业2.4万人。这些行业的各行业从业人员比北京同行业多，但其从业人员总数比北京少。2012年底英国创意产业人才总数约230万人，就总量而言多于北京市。澳大利亚创意产业的从业人数已经由2006年

构筑全球人才高地

的46.35万人增加至2011年的53.1万人，占整个就业人数的5.3%。2011年北京市文化产业从业人员占就业人数的比重为13.18%，远大于澳大利亚文化产业从业人员占就业人数的比重。

同时，根据中国人民大学发布的"中国省市文化企业发展指数（2013）"指数，我们对国内文化产业发展较好的北京、上海等12个省市的文化人才的集聚程度进行了比较。

图表10 2011年北京、上海等12省市主要文化单位及软件、网络及计算机服务从业人员

名称	主要文化单位从业人员（万人）	软件、网络及计算机服务业从业人员（万人）	总计（万人）	就业比重（%）
北京	42	51.6	93.6	8.75
上海	29.35	27.57	56.92	5.15
广东	17.98	58.06	76.04	1.28
浙江	2.47	43.54	46.01	1.25
山东	11.42	63.5	74.92	1.15
天津	5.42	5.42	10.84	1.42
福建	3.55	5.33	8.88	0.36
河北	7.48	17.93	25.41	0.64
河南	10.98	5.87	16.85	0.27
辽宁	7.03	8.43	15.46	0.65
安徽	8.77	28.3	37.07	0.89
江苏	12.7	9.92	22.62	0.48

从图表10可以看出，2011年，北京市的主要文化企业从业人员占全市从业人员的8.75%，也就是说主要的文化人才集聚度为

87.5，[3]位居第一。位居第二的是上海，上海文化企业从业人员占全市从业人员的5.15%，主要的文化人才集聚度为51.5。北京的主要文化聚集度是上海的近1.7倍。其中最少的是河南省。河南省主要文化企业从业人员占全市从业人员的0.27%，也就是说主要的文化人才集聚度为2.7，北京的主要文化聚集度是其近32.4倍。由此可见北京市在国内文化人才集聚水平上是处于领头羊地位的。[4]

三、北京文化人才集聚模式分析

在很多学者的研究中，通常把人才集聚模式大体分为市场主导型、政府扶持型、政府牵引型、企业集聚推动型等几种。市场主导型人才集聚的产生原因多为资源禀赋上的天然优势及市场经济的成熟完善；政府扶持型人才集聚模式是指在人才集聚形成与发展过程中政府的作用一直比较突出；政府牵引型集聚模式说明人才的流动与集聚日益走向市场化，政府的作用越来越小，但仍具有不可忽视的影响；企业集聚推动型集聚模式是指企业集聚对人才具有很强的吸引力，促进专业人才集聚。

图表11对北京、上海、香港、伦敦、首尔文化人才集聚模式进行了比较，发现北京文化人才集聚模式是一种以"市场主导、政府牵引、高校与科研辅助"为主要特点的市场、政府混合主导型的发展模式。即一方面充分发挥市场的资源配置作用，尊重市场自由、鼓励市场竞争；充分发挥高校与科研机构的作用，培养更多的高级文化创意人才，并为政府政策的制定提供有效的建议和依据。另一方面通过政府积极引导和扶持企业，多层次、多角度地参与其中，促进全方位的发展渠道的形成。

构筑全球人才高地

---

3 这一数据是用从业比重乘以各省市人口的数量级1000万。
4 主要文化单位是指：艺术业、文化市场经营单位、教育事业、文艺科研、图书馆、群众文化服务6个行业。

图表11 北京、上海、香港、伦敦、首尔文化人才集聚模式比较

项目 地区	文化人才集聚模式	文化人才集聚模式形成原因
北京	市场主导，政府牵引，企业集聚推动	文化企业的发展；政府制定文化人才引进相关政策；高校和科研机构的辅助
上海	市场主导，政府牵引	上海的文化企业得到了很好的发展；近年来政府先后实施了多项文化人才的吸引计划
香港	市场主导型	开放自由的经济体系，公正的司法制度和完善的知识产权保护体系以及政府的促进，文化企业的发展得到了最大的支持
伦敦	政府牵引型，企业集聚推动	政府提出了完善的文化企业政策，加强知识产权的保护，开拓出口市场；伦敦市设立了"创意之都基金"，为那些有才华和有创意的个人提供支助，以激发他们的创意潜力
首尔	政府扶持型	政府积极推动文化企业发展，创建文化企业园区，制定人才吸引政策

（一）市场主导

市场的作用主要体现在北京依赖自身作为首都的天然优势吸引了海内外众多文化企业和文化人才在此聚集。作为国家的政治、文化、教育中心，北京所具有的向心力是国内其他城市所无法比拟的。据统计，截止到2011年，"世界500强"中共有25家企业总部位于北京市，北京因此高居全球城市第二名，超过纽约(18家)和伦敦(15家)。总收入高达13614.07亿美元，居全球城市第三名。截至2007年底，"世界500强"企业在京设立机构共有447家，其中"中国企业500强"总部位于北京地区的共有99家。强大的向心力和经济基础，使得北京的文化企业发展极为迅速。2005年至2009年，北京市文化企业的增加值年均增长19.7%，2009年文化企业达到5万余家，从业人员114.9万人。而到2012年，全市规模以上文化创意产业活动单位数已达8334个，收入达9285.8亿元，从业人员为104.3万人；其中非公有制及混合所有制企业单位数6912个，收入达7355.9亿元，从业人员83.4万人。2012年北京出版企业出版图书种类占全国的43.4%，图书总印数占全国的28.4%，新闻出版业在国内处于绝对的主导地位；北京演艺企业在艺术演出场次、观众人数、演出收入等方面也远高于国内其他省（区、市）；北京动漫游戏产业的总产值排在全国第一位，影视动画生产总量约占全国总量的7.1%，网络游戏规模以上企业总产值占全国游戏总产值的25.9%，北京地区计算机软件著作权登记量占全国总登记量的28%。[5]北京文化企业这些斐然的发展成绩是数以百万计的文化人才所铸就，同时也不断吸引着文化各个领域的文化人才相聚于此，追求理想和自我价值的实现。

（二）政府牵引

政府对于文化人才的牵引作用主要体现为北京市政府制定、发布的一系列人才引进的相关政策。2003年，北京市委、北京市人民政府设立了首都杰出人才奖；2009年，为贯彻落实中央"千人计划"，北京市启动实施"海外人才聚集工程"（简称"海聚工程"），在市属高校、科研院所、国有企业、金融机构和高端产业功能区大力引进海外高层次人才；2010年，首都人才发展规划颁布实施，提出"到2020年，培养造就数量充足、结构优化、素质一流、富有创新的人才队伍，努力把首都建设成为世界高端人才聚集之都"的总体目标；2011年3月，中组部等15个中央单位与北京市共同出台《关于中关村国家自主创新示范区建设人才特区的若干意见》，决定在中关村实行重大项目布局、境外股权和返程投资、科技经费使用等13项特殊政策。同年7月，北京市出台《加快建设中

---

5 数据来源于清华大学国家文化产业研究中心与北京市国有文化资产管理办公室共同发布的《北京文化创意产业2013》。

关村人才特区行动计划（2011—2015年）》，提出在北京中关村建设国家级人才特区，在人才特区推动政策创新和机制创新、打造创新空间，努力探索人才引领发展、推动发展的新模式。在文化人才方面，北京市自2003年即开始加大对文化事业、文化产业人才的引进力度，针对众多文化门类建立了专家评审机制——文化创意人才认定委员会。在2011年颁布的《关于发挥文化中心作用，加快建设中国特色社会主义先进文化之都的意见》中，明确提出了建设"九大文化工程"，其中之一就是"实施文化名家领军工程，建设首都文化人才高地"。从2012年起，动漫游戏设计人员将纳入北京市职称评审体系，获得"官方认可"。2013年，由北京市国有文化资产监督管理办公室专门主办了北京市文化创意产业高级人才研修班。2014年，北京市认定了30家文化创意产业人才培养基地。

上述种种人才政策措施的推出，体现了北京市坚持人才优先发展，大力培养、引进和使用人才，建设首都世界人才聚集高地的决心和意志。从这些政策和措施中可以看出，北京市注重人才、团队、项目的一体化引进，重视营造尊重人才、服务人才的社会环境，促进优秀人才脱颖而出，并集中力量探索、建设中关村人才特区。同时，不断创新人才管理模式，通过加大政府奖励和实行股权、期权、年薪制等多种方式，增强对关键岗位、核心骨干人才的吸引和激励。加强人才服务，在户籍、出入境、医疗、保险等方面为高层次人才创造便利条件。可见北京市政府在积极引进海外文化人才、吸引和促进国内文化人才聚集方面下了大力气，很好地发挥了政府的牵引作用。

（三）企业集聚推动

在北京文化人才的集聚中，文化创意产业集聚区和龙头企业的带动作用十分明显。CBD国际传媒产业集聚区、中关村创意产业先导基地、宋庄原创艺术与卡通企业集聚区、中国(怀柔)影视基地等集聚区，对于文化企业和文化人才的集聚效应已经凸显。而中央电视台与北京电视台等龙头企业，更是带动了上千家相关文化企业（如电视制作、广告代理、广告、出版、印刷、动漫、网游等）纷纷迁往其周边地带，从而带动节目制作、广告传媒、教育培训、大型活动策划等各类相关行业的发展，形成了以影视、传媒服务为主要特色的、庞大的文化创意企业链条。这些企业的集聚必然需求大量的文化人才，最终导致文化人才的集聚。

此外，北京作为全国的文化、教育中心，拥有大量的几乎囊括所有种类的教育和科研机构，并且聚集了全国最多的名牌学府。这些学校、科研机构吸引着全国乃至世界各地的教育、科技等方面的文化人才，为北京的文化人才集聚起到了重要的支持作用。

案例1：美国硅谷市场主导型的人才集聚方式

硅谷地处美国加州北部旧金山湾以南，是美国重要的电子工业基地，也是世界最为知名的电子工业集中地。最早因为研究和生产以硅为基础的半导体芯片而得名。现在以高科技的中小公司群为基础，并拥有英特尔、惠普、苹果、朗讯等大公司，成为美国高科技技术创新发展区域。

硅谷是美国高科技人才和信息企业人才的集中地，在硅谷聚集了100多万美国和世界各国的科技人员。优越的科研环境、地理环境、制度环境以及硅谷闻名全球的创业精神，为硅谷招揽了来自世界各地的高素质人才，为硅谷的持续发展打下了良好的人才基础。

首先，硅谷的技术影响力同它的优越的科研环境和地理环境息息相关。由于附近坐落着具有雄厚科研力量的斯坦福、伯克利和加州理工等世界知名大学，硅谷在产学研方面得到了高校的大力支持，高校同时还为硅谷的科研创新提供了便捷的场所和良好的学术氛围。而且，硅谷从崛起到今天一直以高科技创新为特色，高科技企业经验积累状况良好，这也成为吸引更多高科技人才的制胜法

宝。硅谷位于美国加州旧金山湾南侧，这里交通便捷，32条高速公路连接了各个独立的商业区、工业区和住宅区，同时，完善的服务设施、优美宜人的环境和气候，也吸引着人才在此区域的集聚。

其次，完善的法制体系、人才激励机制和风险投资机制，为硅谷的人才集聚提供了优越的制度环境。硅谷所在地政府除了实施一系列吸引国内外人才的策略之外，也积极同私人机构合作，逐渐完善人才激励机制和风险投资机制。美国硅谷的核心激励方法就是有"金手铐"之称的期权制度。"金手铐"的好处在于，在企业现金流短缺的情况下，通过长期激励的股票期权形式，使企业的核心员工有看得见的物质利益，而且随着企业绩效的增长而水涨船高。风险投资市场的高度发达对硅谷的崛起有重要意义，该地区的风险投资占全美风险投资总额的三分之一。风险公司、基金、投资银行的发展不断给硅谷注入新的活力。

最后，享誉世界的硅谷精神也从精神层面上吸引着全球各地人才。硅谷文化的精髓就是它的创业文化和创新精神，美国政府对市场干预职能的弱化也赋予了市场更多的自由和活力。许多高科技人才及其公司落户硅谷，皆因怀揣着创业的梦想。同时，硅谷精神也和美国梦的打造紧密结合在一起，许多慕名来到硅谷的人才和企业有很多是被美国自由、开放、以人为本、创新的精神所吸引，从而为硅谷的发展贡献出了自己的智慧和精力。

除此之外，完善的孵化器机制也为人才的培育和发展打下良好基础。在硅谷，人才交流是自由而经常性的事情，一些显赫的大公司经常成为孵化高科技人才和后续发展力量的温床。像1957年创办的仙童（Fair Child）公司在解体后分出了上百家公司，为硅谷孕育了成千上万的技术人才和管理人才，包括Intel、AMD等多家公司的创始人都来自仙童，因此它也被称为半导体行业的"西点军校"。同时，高校也成为孵化器的主力军，据调查，美国有80%的企业孵化器来自各大高校。学校提供房舍和技术咨询，使用政府拨款和专门人员管理，吸引并培育了大量人才。

案例2：日本筑波的政府主导型人才集聚模式

筑波科学城坐落在离日本东京东北约60公里的筑波山麓，是日本著名的科学研究中心。19世纪60年代，日本为了实现"科技立国"的目标，耗资50亿美元建立。

筑波科学城不同于美国硅谷市场主导的模式，在人才集聚机制构建方面都是由政府主导发展而成的，主要表现在以下几个方面。

1.人才吸引机制。筑波的形成和发展，完全依靠政府指令，从规划、审批、选址到科研等整个过程皆是政府主导，连科研机构和科研人员也都由政府从东京迁来，各种设施都需经行政审批配备，私人研究机构和企业也由计划控制。

2.人才管理培养机制。筑波的各类研究机构和教育设施均受在东京的相应主管部门的垂直领导和指挥。上下级方式的垂直管理扼杀了科学城人员的工作热情和创新动力。而且政府的过分介入使得人才和产业过分依赖政策指标，市场基础配置的作用被弱化，封闭型的人才培养方式使得科技人员缺少市场竞争意识和全球观念。

3.人才激励考核机制。筑波以国家级研究机构为主体，并享有政府的财政拨款，园区内缺乏相应的创新激励机制。而且，筑波周边的大学数量不多，没有形成研究机构、企业、市场为一体的产学研销的链条，学术氛围和产业积累明显不足。另外，园区的运行机制比较封闭，缺乏与国外先进人才与技术的联系与交流。

虽然筑波科学城是由日本政府投入大量财政和心血构构建而成。但是过度集中和垂直管理压制了科技园的创新和发展，由于高投入低产出而被一些学者称为"科学乌托邦"。

第三节 北京文化人才教育的状况和分析

作为一个高度依赖于文化积淀、创新创意、科技手段的新兴产业，文化创意产业的发展与高素质的专业化人才培养息息相关。而包括高校、职业技术学校、社会培训在内的各类学校，正是文化创意产业专业人才培养的主力军。北京地区教育资源丰富，与文化创意产业相关的教育发展态势良好，但与新形势下产业快速发展所带来的广泛人才需求相比，支撑能力仍显不足。只有加强高校等文化创意产业相关专业的发展建设，探索产学研相结合的各种文化人才培养模式，推动人才培养与文化创意产业的紧密结合，才能全方位满足产业对人才和智力的需求，实现北京文化创意产业的良性快速发展。

一、北京高校文化人才培养现状

北京云集了一大批以人文、艺术为优势特色的高校，如中国传媒大学、北京电影学院、中央戏剧学院、中央音乐学院、北京舞蹈学院、中国戏曲学院、中国音乐学院、北京服装学院、北京印刷学院等。同时，北京还有众多的综合性大学和专业类高校也都开设了与文化创意产业相关的专业，进行文化人才的培养。根据北京市教育委员会高等教育处编的《高校文化创意产业类本科专业分类表（初稿）》可以计算出，北京高校文化创意产业相关学科共有125个，依据与文化创意产业相关程度由高到低依次分为核心专业46个、外围专业（次核心专业）33个、相关专业（边缘专业）46个。仅就46个核心专业分析就涉及文化艺术类（如音乐、绘画、雕塑、表演学等）；新闻出版类（如新闻学、广告学、编辑出版学等）；广播、电视、电影类（如广播电视编导、影视学）；软件、网络及计算机服务类（如数字媒体艺术、动画）；广告会展与艺术品交易类（如会展艺术与技术、博物馆学）；设计服务（如艺术设计、服装设计、景观建筑设计等）；旅游、休闲娱乐类(如旅游管理、酒店管理等)；体育休闲类(休闲体育、社会体育等)八大类，基本涵盖了北京市对于文化创意产业的各项分类。据有关资料显示，2012年，北京地区共有59所高校开设了文化创意产业相关本科专业，占到了全部本科高校的95.1%；招生数达到3.2万人，在校生数约11.2万人，分别占全部高校招生总数和在校生总数的26%和23%。北京高校文化创意产业相关专业布点总数达到了391个，其中文化艺术类专业20个，布点数115个；新闻出版类专业5个，布点数33个；广播、电视、电影类专业7个，布点数25个；软件、网络及计算机服务类专业9个，布点数109个；广告会展类专业3个，布点数24个；艺术品交易类专业3个，布点数43个；设计服务类专业9个，布点数52个；旅游、休闲娱乐类专业3个，布点数21个。[6]

目前，北京高校对于文化人才主要有三种培养方向，一是传统的艺术创作类人才，如绘画、音乐、表演专业等；二是应用型文化人才，如艺术设计专业、动画专业、编导专业等；三是经营管理类人才，即文化产业管理专业。这三个方向与文化市场中的三大类文化人才需求正好相符。但是从总体上来看，目前高校培养的文化人才中，高层次的创意人才和复合型的经营管理人才比较少，人才培养效能偏低。

北京市对于高校文化人才培养给予了大力支持。在北京市"高等学校本科教育质量与教学改革工程"一期建设重点支持的26个人才培养模式创新试验区中，有4个与文化人才培养相关：北京联合大学旅游应用型人才培养模式创新试验区、北京联合大学服务外包人才培养模式创新试验区、北京服装学院艺工融合应用型现代服装高级人才培养模式创新试验区、中国音乐学院民族音乐理论人才培养

6 黄侃：《完善高校人才培养模式推动北京文化创意产业发展》，《北京教育（高教）》，2012 (6)。

模式创新试验区；在重点建设的100个校外人才培养基地中，有13个涉及文化创意产业相关专业人才培养，北京人民广播电台、凤凰卫视、新百丽鞋业有限公司、左权县文化艺术中心、北京人民艺术剧院、北京798艺术园区等多家全国各地的企事业单位通过该项目与北京高校开展合作，深入到文化创意产业人才培养工作中来。在北京市认定的30个"北京市文化创意产业人才培养基地"名单中，高校有10所，分别是：中国传媒大学、北京电影学院、北京服装学院、北京邮电大学、中央财经大学、北京大学、清华大学、北京联合大学、北方工业大学、中央文化管理干部学院等。

由上述可见，随着多年来北京市高等教育的发展和北京市政府的大力支持，北京市已经基本形成了比较系统、全面的文化人才培养的高等教育体系，并在努力改进、提升人才培养水平，以紧跟全国文化创意产业快速发展的步伐。

二、北京文化人才职业技术教育的现状

北京的职业技术教育发达。据《2012—2013学年度北京教育事业发展统计概况》，北京市仅中等职业学校（不含技工学校）就有96所，学历教育在校生人数为233209人，非学历教育在校生人数为36752人。职业技术培训机构更是繁多，在校生人数达到了2543507人次。在庞大的职业技术教育队伍中，文化人才的职业技术教育堪称其中重要的组成部分，如市属16所高等职业学院中，艺术、体育类的有2所。96所中等职业学校中与艺术、体育、旅游相关的大约有31所。虽然北京文化人才的职业技术教育的规模不小，但也存在一些问题，如专业设置与现代企业用人需求不适应，教学内容老化，缺乏有效的、高水平的实践教学体系等。这使得职业技术教育一直存在着理论与实践相脱离的现象。

除了从事文化人才培养的市属公立职业技术院校之外，在北京，还有数量庞大的以培训文化创意产业人才为己任的文化企业。这从北京市认定的"北京市文化创意产业人才培养基地"名单中可见一斑。在30家"北京市文化创意产业人才培养基地"中，除了10所高校之外，其他20家机构都是企业培训机构，其中有北京洛可可科技有限公司、北京汇众益智科技有限公司、北京瀚海润泽科技孵化器有限公司、外语教学与研究出版社有限责任公司、北京朝阳传媒影视技术服务中心、汇才（北京）国际文化传媒有限公司、北京文创国际集团有限公司、北京毕升新技术开发中心、北京兴邑世纪国际新媒体产业投资有限公司、北京歌华时代桥人力资源管理有限公司、北京怀柔中视腾飞影视培训学校、北京东方嘉城文化产业发展有限公司、环球时报在线（北京）文化传播有限公司、北京市石景山常青藤创业研究中心、中线创艺（北京）文化传媒有限公司、北京万豪天际文化传播股份有限公司、博雅燕园科技企业孵化（北京）有限公司、江河创建集团股份有限公司、北京市电影器材有限责任公司、北京工业设计促进中心等。这些文化企业一边进行企业经营，一边从事文化人才培养，不仅满足了自身对文化人才的直接需求，也在一定程度上担负起了为社会培养文化人才的重任。由于它们具有将教育培训和岗位实践相结合的特点，对于北京市应用型文化创意产业人才的培养也起到了直接的推动作用。

如北京怀柔中视腾飞影视培训学校作为一所专门培养影视表演、影视武打及影视舞蹈的综合性培训学校，与国内近百家影视制作机构均有合作关系，学生在校学习期间就能够接拍各类题材影视剧，使影视拍摄实践贯穿于整个学习过程中。该校为怀柔影视市场输送了大批优秀人才，为中国影视人才的发展贡献了力量。

三、北京留学生教育现状

据北京市《2012—2013学年度北京教育事业发展统计概况》，北京市高等教育外国留学生毕（结）业生数为25570人，在校生达40549人，中等职业学校外国留学生结业生数为645人，注册学生数为90人。由此可见，北京市的留学生规模比较小，甚至没有达到《北京"十一五"时期教育发展规划》中关于留学生教育的目标："积极发展外国留学生教育，到2010年留学生规模达到8万人左右"。

与其他国际大都市相比，北京高校留学生规模、留学生生源地结构以及留学生数占高校在校学生数的比例等指标还存在一定的差距。崔国文、姚崇兰在其《关于世界一流大学与留学生培养的思考》一文中，曾对1986年一批著名的亚洲学者选出的世界前10名共12所一流大学的1993年的留学生规模与结构进行了统计，如图表12所示。从图表中可看出，美国的哈佛大学、斯坦福大学、麻省理工学院、耶鲁大学等，英国的牛津大学、剑桥大学，日本的东京大学，法国的巴黎大学等，虽然留学生入学要求高、难度大，但留学生所占比重依然较高，且留学的研究生比重大都高于留学的本科生比重。由此可见，越是世界著名大学，越重视高学历留学生的培养。

图表12 世界一流大学留学生占本国在校生比重与结构

大学名称	本科生与研究生			本科生			研究生		
	总数	留学生数	比重	总数	留学生数	比重	总数	留学生数	比重
哈佛大学	17856	2780	16%	6578	380	6%	11269	2400	21%
剑桥大学 牛津大学	14000 14400	2520 2600	18% 18%	10800	1100	10%	3600	1500	42%
斯坦福大学	13549	2100	15%	-	-	-	-	-	-
加州伯克利大学	31000	1525	5%						

大学名称	本科生与研究生			本科生			研究生		
	总数	留学生数	比重	总数	留学生数	比重	总数	留学生数	比重
麻省理工学院	11478	2758	24%	4389	395	9%	7089	2363	21%
耶鲁大学	10975	1082	10%						33%
东京大学	22355	1537	7%	15793	66	0.4%	6562	1571	22%
巴黎大学（索邦）			17%						
康奈尔大学学	17969	2299	12%						
密西根大学	36543	2549	7%						
普林斯顿大学	6264	740	12%						

与之相比，北京目前高等教育留学生占在校生比重不仅未达到国际化指标，更未达到教育发达国家留学生所占比重的水平，而且留学生学历教育结构层次低。据有关资料显示，北京大学留学生比重大约占10%，超过国际化指标，但留学的研究生比重只占5%；清华大学留学生比重只占5%，研究生比重不足3%。从北京近几年的统计资料可以看出，北京招收的留学生和教育发达国家相比不仅数量少，而且是培训、进修的留学生占绝大多数，高层次的学历教育留学生比重很低，突显了留学生教育层次单一性的特征，与教育发达国家高学历留学生教育结构的国际化程度相比存在明显差距。统计资料显示，北京留学生来源地不均，地区差异很大。尽管在北京的亚洲留学生比重在降低，但其数量仍占绝大多数。2012年65.6%的留学生来自亚洲国家，北美洲留学生占8.6%，欧洲留学生占16.5%，北京对发达地区学生的吸引力有待提高。从留学生管理看，部分学校盲目追求留学生数量，对留学生入学设立较低门槛，留学生生源质量较差；有些学校忽视对留学生的教育及长期培养测评，留学生迟到、旷课、不做作业，甚至不参加考试；受语言等文化差异，国外留学生很难融入校园生活圈，学校对此疏于管理。

构筑全球人才高地

第四章
北京文化人才集聚教育的问题与挑战

第一节 北京文化人才集聚教育的问题

一、人才环境亟待提升

人才环境是人才赖以生存和发展、展示才华和实现价值的生活环境、文化环境、政治环境、产业环境等的总和，是影响人才成功的重要外在因素，直接关系到人才的流动倾向。理查德·佛罗里达在其《创意阶层的崛起》中提出，创意阶层不是以工作决定一切，而是首先选择一个合适的居住地，然后再开始找工作。

《中国海归创业发展报告2012》针对海归回国障碍的调查显示，海归顾虑最多的是社会文化障碍，占比79.6%。其次，69.6%的海归认为政策制度是他们回国的重要障碍，顾虑家庭生活因素及职业发展因素的海归均占67.2%。由此可见，在全球化人才竞争中，生活环境、文化环境、与人才职业发展密切相关的产业环境及制度环境是制约我国文化人才集聚的重要因素。作为我国人才集聚的主要城市之一，北京在人才环境建设方面也亟须改善。

（一）生活环境

随着北京城市化的高速发展，"城市病"也随之而来并日趋严重。"城市病"是指由于人流、物流的过度集聚引发的城市在社会

管理和公共服务方面的共性问题，集中表现为人口拥挤、交通拥堵、环境污染、住房困难等。国际大城市在城市化过程中都曾面临此问题，但是与之相比，北京的"城市病"更加严重。

根据北京市统计局数据，截至2012年末，北京常住人口达到2069.3万人，同2000年的普查相比，增加705.7万人，增长51.75%，年平均增长率为3.7%，人口急剧膨胀。与之相伴随的是人口分布不均衡问题。由于缺乏有效的城市空间规模布局，北京中心区集中了经济、政治、文化、社会服务等多重功能，吸引大量人口就业、购物、休闲等，使得中心城区过度拥挤。由图表13可见，北京市中心城区的人口密度是整个城市人口密度的19.59倍，这一比值伦敦仅为1.55，巴黎5.23，纽约5.74，东京2.20。城区人口的过度集中，进一步加剧了北京的交通拥堵、环境污染、住房困难等问题的严峻性。

图表13 伦敦、巴黎、纽约、东京、北京5城市人口密度分布比较[1]

城市	中心城区人口密度（人/平方公里）	整个城市人口密度（人/平方公里）	二者比值
伦敦（1995）	7325	4716	1.55
巴黎（1995）	20495	3915	5.23
纽约（1995）	9225	1606	5.74
东京（1995）	13800	6275	2.20
北京（2010）	23407	1195	19.59

资料来源：《城市化的世界1996》及北京市统计局

首先，生活区和工作区的分离，使得上班期间大量人口向中心城区汇集，加重了交通负担。普华永道《机遇之都2012》对27个世界大城市的十项指标排名显示，北京交通基础设施排名处于第20位，其主要落后指标为公共运输系统、大容量运输覆盖情况及大型

---

1 由于北京城市化进程比世界发达城市晚，因此数据具有可比性。

建设活动等。交通基础设施不完善，运输承载力不足，是北京交通拥堵的重要因素。2010年美国《外交政策》将北京列为世界交通最差城市，五大"堵城"之首。北京大学社会调查研究中心发布的报告显示，北京通勤时间平均为1.32小时，单程为40分钟。与之相比，美国人上班平均单程用时25.1分钟，纽约为全美最高，用时34.6分钟。交通拥堵增加了经济生活成本，造成人才时间和精力的浪费，影响了人才的工作心情和生活质量。

其次，城区人口的过度集中，使得中心城区房价过高。按北京中心城区楼盘房价计算，使用国际货币基金组织的计算方式，即以房价相对薪酬来考虑，截至2013年6月，北京已成为世界上房价最贵的城市。房价居高不下，"国八条""国五条"等一系列限购政策出台，使得租房需求上涨。北京市统计局2013年8月消费数据显示，北京住房租金已持续上涨44个月。

"住""行"是人生活的基本需求，北京的交通问题、住房问题已使许多国内外人才望而却步。除此之外，卫生安全与社会保障制度落后，空气污染严重，子女教育困难等，也成为人才"逃离"北京的主要原因。生活环境问题是北京在吸引文化人才集聚的过程中必须解决的基本问题。

（二）文化环境

佛罗里达在其"3T"理论中指出，对创意阶层生活方式选择权的尊重，具有多样性的宽容，是一个地区能够吸引、留住人才必须具备的人文气氛。与其他世界性城市相比，北京在文化环境建设方面尚待提高，集中表现为存在对外开放程度不高，机会不均等及文化基础设施建设不足等问题。

受政治因素影响，北京一直采取较为严格的对外开放政策，对外开放程度不高。《机遇之都2012》显示，在27个城市中北京的经商便利指标排名第21位，其子指标免签国家数量排名第25位，签证旅

行的灵活性排名第24位，直接反映了北京的国际化水平有待提高。外籍人口数量和所占比例常常作为衡量城市的开放性及国际化主要指标之一，世界城市的外籍人口比例通常在10%以上，伦敦的外国人口约33%，巴黎的外国人口约是25%。北京的外国人口[2]接近17万，占市人口总量的1%左右。人才聚集的马太效应强调，强势地区在吸引人才集聚过程中更加强势，弱势地区在此过程中会更显弱势。北京的外国人口占比低，尚未形成吸引外国文化人才集聚的强势规模。

包容的文化环境强调对多样性的宽容，强调移民与常住人口、男人女人、同性恋异性恋等社会地位平等、机会均等。在人口控制目标的制约下，北京市一直采取较为严格的户籍管理制度。受户籍制度的限制，外来人口与本市户籍人口之间存在着身份上的不平等、就业机会不均等、基本公共服务不对等等现象。北京为调控房价采取的限购政策，为解决交通拥堵采用的摇号制度，以及针对外来人口子女教育、医疗服务、社会保障等方面的限制，显示出城市文化缺乏包容性。

欧洲著名学者查尔斯·兰德利在其著作《创意城市：都市创新的锦囊妙计》中指出，创意氛围"是一种空间概念，指的是建筑群、城市，甚至整座城市或区域，包括激发创意点子与发明的一切'软''硬'件设施"。城市中的硬件设施，比如研究院、文化场所、交通设施等，而软件则可视为佛罗里达所说的街头活动、咖啡厅文化、艺术、音乐及户外活动等。近年来，北京的各种文化硬件设施和软性活动应该说都有了很大增长。如硬件方面，根据文化部公共文化司数据显示，截至2012年底，全市四级公共文化设施平均覆盖率达到了98.78%，数量在世界城市中已经占到了前列，但在人均占有量和设施使用率方面仍然远远低于西方发达国家。在创意软件方面同

---

2 北京市社科院《2010北京蓝皮书北京社会发展报告》，其中外国人包括长期在京工作的外国人、在京留学生、平均每天在京旅游外国人。研究课题组认为，从长期看，旅游人口数量相对稳定。

样如此，虽然数量很多，但真正具有国际影响力的还不多。

（三）产业环境

人才的职业发展、人才价值的实现依靠良好的产业环境。近年来，随着北京文化创意产业高速发展，北京虽然具备了较为优良的吸引各方文化人才集聚的产业环境，但也依然在市场机制、文化消费、税收优惠、激励创业、产业集聚区等方面存在着不足。

第一，政府主导，市场机制弱化

在北京市正在着力进行的20个文化创意产业功能区的规划建设中，在"2013首都文化金融服务季——文创企业融资交流对接活动"、北京首届惠民文化季甚至深圳文博会北京展区、北京文博会、北京国际电影节等大型活动中，政府都是最强有力的推动者和组织者。市场还远未能在北京的文化发展中发挥其应有的资源配置作用，更谈不上形成全方位的、有效的市场运行机制。

第二，文化消费不振，文化市场空间有限

虽然在中国人民大学和文化部文化产业司联合发布的"2013年中国文化消费指数"报告中，北京像前几年一样继续位列前三甲之列，但这并不意味北京的文化消费已经成为北京文化发展的主要驱动力。相反，北京文化创意产业近3年年均投资已有300亿元左右，而文化消费水平在200亿元左右，远远落后于文化投资的增长。[3]并且，在2012年北京人均GDP达到13797美元——属于世界中上等国家水平的情况下，北京市文化消费水平人均只有700多元。[4]北京的文化消费所存在的巨大缺口，使得文化市场空间的增长有限。

第三，税收优惠的限制性较强，文化企业税负较重

2013年以来，北京市在文化税收优惠方面有一些比较大的举措，如针对中关村文化科技企业的中关村"新四条"，适用于北京天竺综

---

3 卢扬：《北京文化消费季成交破30亿现场参与人次超500万》，《北京商报》，2013年10月9日。

4 温源：《问道北京文化消费》，《光明日报》，2013年3月28日。

构筑全球人才高地

→081←

保区内的文化企业、项目或活动的文化保税，"广播影视"和"文化创意服务"领域的"营改增"。国家发改委对经认定为高新技术企业的文化创意和设计服务企业，减按15%的税率征收企业所得税等措施。这些减税政策和措施的推出，虽然确实为不少文化创意企业减轻了负担，但不可否认，它们都是有明确适用界限的，属于限制性税收优惠，还难以真正形成对于北京市文化创意产业发展的推动力。

第四，激励文化创意产业创业的措施比较少

虽然北京相继出台了《北京市鼓励留学人员来京创业工作的若干规定实施办法》和鼓励高校毕业生自主创业补贴、妇女创业就业小额担保贷款财政贴息等管理办法，并创建了一些留学人员或青年创业园区，但真正致力于推动文化创意产业创业的措施还比较少，只有北京生源高校毕业生开办文化经纪、动漫制作等文化创意产业企业或个体工商户的，可利用住宅作为住所(经营场所)进行登记注册等少量激励措施，覆盖范围有限。同时，在创业启动资金的贷款、税收减免等关键问题上支持的力度还不够大。

第五，文化创意产业集聚区有待进一步优化

北京文化创意产业集聚区的运营管理，主要包括两种模式，即以中关村示范区内所有园区为代表的由政府管委会管理模式，以798艺术区、国家新媒体基地、宋庄为代表的由企业负责管理、区县政府指导模式。整体来看，大部分集聚区为第一种管理模式，从集聚区命名到规划均由政府牵头，行政色彩较浓，其运营缺乏专门的机构和人才队伍管理，品牌化运营程度低，集聚区的定位不明，缺少长远性规划。由图表14可以看出，集聚区的主导行业包含了文化创意产业的主要行业，并以设计、文艺、旅游为支柱，但大部分创意集聚区定位模糊，特色不突出，存在同质化问题。比如，中国乐谷—首都音乐文化创意产业集聚区定位为集器乐产销基地、音乐创作园区、无线音乐基地、主题文化娱乐区和服务配套区于一体的

中国音乐产业园，而北京音乐创意园的核心为乐器研发制造交易、音乐教育培训、音乐创作、音乐交流会展，二者的定位及主导产业并无本质区别，可能造成资源的浪费。再比如，北京数字娱乐产业示范基地力图打造专业的数字娱乐集聚区，中关村科技园区雍和园的定位是专业的版权与数字媒体集聚区，两个产业集聚区的目标定位笼统，内部的行业部门归类模糊，产业模式涵盖不清，在运营过程中又缺乏针对集聚区特色的发展模式、产业指标、阶段成果的详细规划和政策文件。另一方面，集聚区内产业链条不完整，制约集聚区发展。以宋庄为例，宋庄为艺术家群落，力图打造成当代艺术的交易中心，其目前面临的主要问题是，虽然艺术家提供了丰富的内容，但是将知识内容转化成经济效益的下游产业链缺失。在中关村科技园区、DRC工艺创意产业基地等，在创业链条中孵化器这一环节的不完善，制约了集聚区先进企业的成长，也制约了人才在园区创业的积极性。

图表14 北京市文化创意产业集聚区分类概况

	创意产业集聚区名称	集聚区的定位及主导产业
创意设计和技术研发类集聚区	北京DRC工业设计创意产业基地	工业设计创意产业基地，包括技术基础条件平台、创意平台和服务平台三部分
	北京大红门服装服饰创意产业集聚区	北京服装流通领域的重要交易市场，以服装交易、设计展示、面料研发等为主
	北京时尚设计广场	以服装设计、时尚产品交易、艺术展示、艺术培训等产业为主导
	中关村创意产业先导基地	数字媒体与网络创意集聚区
	清华科技园	以软件、网络及计算机服务、设计服务、出版发行、新媒体、动漫网游等产业为主
	中关村软件园	专业的软件产业研发和科技自主创新基地

文化北京

	创意产业集聚区 名称	集聚区的定位及主导产业
数字娱乐和媒体运营类集聚区	北京数字娱乐产业示范基地	专业的数字娱乐集聚区
	中关村科技园区雍和园	专业的版权与数字媒体集聚区
	北京CBD国际传媒产业集聚区	全球性的影视广电传媒中心和版权投资贸易中心,以影视内容与传播、新闻出版、广告会展、发行和传媒版权交易为主导产业
	中国乐谷—首都音乐文化创意产业集聚区	集器乐产销基地、音乐创作园区、无线音乐基地、主题文化娱乐区和服务配套区于一体的中国音乐产业园
	北京音乐创意产业园	以乐器研发制造交易、音乐教育培训、音乐创作、音乐交流会展为核心,包括乐器产业园区、国际音乐演出表演和会展园区、国际音乐教育培训园区等区域
	北京出版发行物流中心	出版物集散中心和交易市场,以出版发行物展示、交易、配送等为主要发展方向
动漫和影视制作类集聚区	国家新媒体产业基地	以新媒体产业为核心,以影视制作产业、设计创意产业、出版印刷产业、文化休闲产业为重点发展领域的园区
	中国(怀柔)影视基地	国际化新一代专业功能聚合的国家级影视基地,"东方好莱坞"
	首钢二通长中国动漫游戏城	融汇产供销、住游、娱乐全方位的动漫城,包括主题公园、流通贸易、产学研孵化、公共商务服务、数字化办公和酒店、住宅及生活配套服务6个功能区
	惠通时代广场	以平面媒体、网络新媒体、电视节目制作、原创音乐制作、广告、文化投资、设计创意等产业为主

	创意产业集聚区名称	集聚区的定位及主导产业
文化展示与交易和会议展览集聚区	潘家园古玩艺术品交易园区	古旧物品市场和民间工艺品集散地
	宋庄原创艺术与卡通产业集聚区	中国当代艺术作品交易中心，艺术家群落
	北京798艺术区	画廊、艺术中心、艺术家工作室、设计公司、时尚店铺等各种艺术的集聚区
	琉璃厂历史文化创意产业园区	文化产业、商业、旅游业的融合，以书画艺术和古玩艺术品交易为主导的产业基地
	顺义国展产业园	中央别墅区旁的会展商务区，以新国展为依托、以会展业为先导，聚集会展产业链上的文化创意产业元素，园区内骨干企业主要从事广告会展类、设计服装类、旅游等有关展览辅助类行业
文化旅游类集聚区	房山历史文化旅游集聚区	西南地区的休闲娱乐产业区，以历史文化旅游为特色
	八达岭长城文化旅游产业集聚区	以"长城文化"为核心，以文化旅游、文化创意为主导产业，汇聚资金流、信息流、人才流、商品流的文化旅游产业集聚区
	斋堂古村落古道文化旅游产业集聚区	集文化观光、文化休闲、文化创意和主题会议以及养生度假为一体的多功能的文化小镇；是皇都古镇，风雅斋堂
	古北口国际旅游休闲谷产业集聚区	集古镇观光、长城体验、文化生态休闲与特色户外运动为一体的旅游产业集聚区
	卢沟桥文化创意产业集聚区	以卢沟桥历史文化为核心的文化旅游区、演艺娱乐区和节庆会展区
	十三陵明文化创意产业集聚区	"一区"为遗产保护暨文化娱乐核心区；"两心"分别为明文化旅游综合服务中心和"明城"主题旅游与文化交流中心；"一轴"为商务服务功能轴；"多点"共同构成明文化主题艺术产品产业群

构筑全球人才高地

	创意产业集聚区名称	集聚区的定位及主导产业
文化旅游类集聚区	前门传统文化产业集聚区	同仁堂、全聚德、百工坊等诸多百年老字号集聚区
	北京欢乐谷生态文化园	以主题观光、主题表演和设备乘骑三种体验为核心内容的文化演出类产业集聚区
	北京奥林匹克公园	综合性奥林匹克文化展示区

总体来看，北京的产业集聚区虽然资源丰富，但个性不足，缺乏创新性，其产业链条缺失，发展模式、市场化运作不成熟，相关的配套服务不完善，影响了世界级文化企业入驻，也降低了产业集聚区培养世界级企业的可能性，这就意味着可以吸引人才集聚的具有竞争性的企业缺失。尽管北京市成功打造了798艺术区、八达岭长城文化旅游集聚区、中关村高新技术区等一批文化创意产业集聚区品牌，但与好莱坞、硅谷等相比，其在品牌知名度、品牌影响力等方面远远不足。北京建设具有国际竞争力、对文化人才辐射力强的文化产业集聚区任重而道远。

（四）制度环境

据不完全统计，北京市的各类人才政策超过300项，涉及人才引进、人才培养、人才评价与使用、人才激励与保障等多方面，但这些政策往往出自政府部门的规范性文件或部门规章，法律约束性差，实施效果不佳，北京文化人才相关法律制度仍然不完备。

首先，北京市为文化人才制定了相关政策，但是开放力度有限。2004年北京出台长期引进人才的"绿卡制度"，即《外国人在中国永久居留审批管理办法》，随后一年仅对100名外籍高层次人才提供永久居留证。2005年《北京市工作居住证暂行办法》为高新技术企业、民营科技企业和跨国公司地区总部及其研究开发机构引进的人才提供工作居住证，并在购房、子女教育方面享受本市市民待遇。2012年《北京市人才引进公开招聘管理办法》对7类重点领域引进人才做出调整，取消引进人才在单位工作年限的限制。虽然这些政策都对北京市吸引人才起到了积极的作用，但能够享受这些政策的人数却较少。此外，美国杰出外国留学生可以直接申请绿卡，加拿大放宽留学生工作签证，澳大利亚降低学生签证，日本将对留学生采取"包分配"制度，而北京关于外国留学生的专项政策制度一直未正式出台，可见北京的移民制度不完备。

其次，引进人才的政策制度不完备，落脚点一般放在如何吸引人才上，缺乏有效的人才评价制度。比如为了针对性、策略性引进外籍人才，北京兴建了中关村人才特区，强化对高端人才的服务，并在居留与出入境、落户、进口特需科研教学物品税收优惠、医疗、住房、配偶安置等六个方面，提出了具体扶持政策。围绕人才特区建设，北京市制定了"海聚工程""千人计划""外专千人计划"等。为吸引留学人员创业，北京制定了《北京市鼓励留学人员来京创业工作若干规定》《关于建立海外高层次留学人才回国工作绿色通道的意见》等政策，同时建立创业园，提供80万平米方孵化面积，为留学人才来京创业提供"绿色通道"。但是这些引进人才的相关计划规定，往往片面强调政策的优惠；在对人才的评定方面，过多注重人才的学历、学校背景及短期的科研成果。缺乏更有效的评定机制，可能会将部分人才拒之门外。

再次，与人才培养、社会保障相关的政策体系不完善。北京人才培养的法律体系尚不健全，例如现有的职业教育法律缺乏对文化相关职业教育的进一步规范，与高校教育相关的政策法规对教师团队建设的关注不足，缺乏对企业人才培养的相关规定等。美国制定了《国防教育法》《美国2000年教育战略》《为21世纪而教育美国人》《美国为21世纪而准备教师》等一系列法案和报告，完善人才培养体系。在企业人才培养方面，美国法律要求所有雇主每年必须

至少以其全员工资总额1%的资金用于教育与培训，并逐年递增；新加坡对企业招聘、培训外来人才方面的支出提供退税优惠政策。这些利于人才长远发展的、利于人才效用最大化的举措，是北京在制定相关政策中必须考虑和完善的。

由上述分析可见，北京在人才环境建设方面与国际性城市的差距较大，北京在国际化人才竞争中处于劣势。文化人才对环境的高依赖性，要求北京在吸引人才集聚的过程中必须从生活、文化、政策、产业建设等方面为文化人才集聚、人才价值发挥创造良好的环境。

二、文化人才质量较低

（一）高端创意、行销人才结构性短缺

现代产业体系突出的特点是高端产业的发展，高端产业及其体系的发展需要合理的人才资源结构与其匹配。由于我国文化人才培养与社会需求严重脱节，我国文化人才市场出现了大量文化人才找不到工作而社会需要的文化人才又供不应求的尴尬局面，文化人才面临结构性短缺。

首先，文化人才结构性短缺突出表现为高端原创人才稀缺。目前，北京文化创意产业从业人员的原创力不足，推出的文化产品技术含量低、附加值不高，世界竞争力和影响力不足。大部分从业人员都属于模仿型人才，而高端文化人才尤其是大师级文化创意人才严重匮乏。世界一流科学家我国仅有100多人，仅占世界的4.1%，而美国高达42%。除了莫言获得诺贝尔文学奖外，目前北京市尚无人问鼎诺贝尔经济学奖、诺贝尔物理学奖等。

其次，将内容产业化和市场化的高端行销人才严重缺乏。与传统产业相比，文化产业具有创新性高、附加值高、风险高等特征，对人才的经营管理能力、市场运作能力要求较高，但受人才培养方式影响，既懂文化产品、文化经营管理又懂得市场营销的复合型人

才极为缺乏。

人才结构性短缺的另一突出表现是不同所有制单位人才分布不合理。受学而优则仕的传统思想及户籍制度等的影响,高校毕业生在择业过程中倾向于选择国家机构、国有企事业单位。数据显示,70%以上的专业技术人才主要分布在国有企事业单位。这意味着,国有企事业单位集中大批人才的同时,急需人才的民营机构可能面临人才短缺。

(二)人才的投入—产出效能低

《首都中长期人才发展规划纲要(2010—2020年)》提出,到2020年,人才贡献率达到60%。据媒体报道,截至2011年底,北京的人才贡献率已达到40.6%[5],但与当前世界发达国家大多60%以上的人才贡献率相比,差距仍然显著。从整体来看,数据显示,2009年33.6万创意人才为伦敦经济附加值贡献了330亿美元[6],折合人民币约2023.5[7]亿元,人才平均贡献值约为602232元;同年北京114.9万创意人才为北京经济附加值贡献了1489.9亿元,人均贡献值约为129669元,伦敦的人均贡献值约为北京的5倍。北京人才的产出效能低在高端人才的人均贡献率上表现更为明显,我国工程师所创造的产值只有美国工程师的1/16、德国工程师的1/13、日本的1/10。

从研究与实验部门的情况看,在2007—2012年期间,相关投入持续增加,2012年研发人员达到6.3万人,投入资金达到222亿元,然而持续增加的投入并没有带来产出效能的显著提高,具体表现为研究成果多为论文,而相关的专利发明不足。由于人才的评价制度存在短期化、功利化问题,其职称评定大多数还是以论文数量为标准,很多研究人员将大量时间和精力放在发表论文上,而不管这些

5 《北京"智力"贡献率超过40%》,《北京商报》,2012(07)。
6 《向伦敦纽约学创意》,《东方早报》,2012(6)。
7 按汇率1美元=6.1317元人民币计算。

论文有没有实际价值。北京申请专利的情况不容乐观，据北京市统计局数据，2011年北京市研究与实验部门共申请专利4880项，获得授权2260项，而市场研究机构IFI Claims Patent Services的数据显示，2011年IBM获得6180项美国专利，三星获得4894项，佳能2821项。除此之外，北京申请的专利普遍存在科技含量低、市场转化率和经济效益不高等特点。北京市研究人员人均授权专利由2007年的0.0214上升到2012年的0.0516，与发达国家地区的人均专利水平仍存在较大差距，北京市人才的投入产出效能亟待提高。

三、文化人才管理模式不配套

人才资源发展的质量，关键性的决定因素是人才管理机制的建设。人才的管理包括政府管理、社会管理和企业管理三个方面。文化人才的性格特征和工作特征，高端人才的柔性流动特征及人才竞争的全球化，对人才引进、培养、管理、激励机制提出了更高要求，需要政府、社会、企业采用新的管理模式与之配套。

（一）政府管理

首先，与文化人才相关的政策层次低，针对人才柔性流动所采取的政策灵活性不足。北京关于文化人才的政策基本出自政府各部门零散的规范性文件或部门规章，缺少法律的约束性，甚至缺乏整体性和长期规划性。这无形中削弱了政府支持文化人才集聚的政策力度，制约了人才集聚的长远发展。并且，当今人才具有柔性流动特征，即在人才不改变国籍、户籍和身份，不改变人事关系的前提下，以智力服务为核心，突破工作地、工作单位和工作方式的限制，充分体现个人工作和单位用人自主的一种来去自由的人才流动方式。这就要求政府在放宽人才户籍、档案、保障制度方面，在优秀人才资源信息共享、兼职、挂职、任职、项目合作等方面加强与国际接轨。对此，北京市政府做得还很不够。

其次，政府在人才管理中带有明显的计划经济特征，市场化意识不强。政府在引进高端人才、建设文化人才创业基地方面，热衷于定"计划"，定硬性指标，重引进、创建，轻考核、评估，以"计划"应对瞬息万变的国际人才竞争环境，以硬性指标评价人才质量，缺少深入的市场调研，缺乏灵活务实的市场服务理念，更缺乏科学的人才评价和考核体系，所做的决定往往脱离市场需求，陷入"计划"永远赶不上"变化"的无奈境地。

再次，文化人才的财政投入较低，覆盖面很窄。《北京人才发展报告（2010—2011）》显示，与纽约、伦敦、东京三个世界城市相比较，北京市的人才投入无论是总量还是比重都落后。虽然近两年随着人才公租房的陆续建成使用和各类高层次人才工程的实施，政府总体人才投入有所增长，但针对文化人才的财政投入并没有明显变化，而且，现有的"文化名家工程"等涉及文化创意人才的支持计划，仅限于高端人才，数量极少，覆盖面很窄。对于文化人才的集聚起到的作用不大。

（二）社会管理

人才的社会管理，广义上是指由社会成员组成专门机构对人才相关事务所进行的管理。其中，专门机构具体包括由政府部门下属的人才中介机构（俗称"人才市场"）、进行人才管理的行业协会或行业组织，以及提供人才管理服务的中介企业。在西方一些发达的国际化城市中，人才管理主要依靠高水平的社会管理网络进行，而目前北京的人才社会化管理的水平还比较低下。

首先，北京有着众多的"人才市场"，但存在着机构功能交叉重叠、管理效率不高的问题。据政府2013年公布的名录显示，国务院所属部门的56个人才中介服务机构总部均位于北京，由北京辐射全国；北京市专属的"人才市场"主要是北京市人才服务中心，具体包括北京市人才开发中心、北京市毕业生就业服务中心、北京

构筑全球人才高地

市人才档案公共管理服务中心、北京市职业介绍服务中心。"人才市场"主要有两方面的职能，一是承担市场化的人才中介服务，包括人才登记、委托招聘、现场招聘、人才交流会、人才信息查询、人才租赁等；二是承担政府授权的公共人事服务，包括档案管理、专业技术职称评定、引进人才居住证、党组织关系挂靠等。大多数"人才市场"职能基本相同。如留学服务中心专门为出国留学、留学回国、来华留学和国际教育交流与合作提供全方位服务等，中国国际人才市场主要为海外归国留学人员提供服务，二者在服务对象、服务内容、服务方式等方面均出现交叉现象。如此多的"人才市场"云集北京，基本职能相同，服务的对象、内容、方式经常出现交叉现象，而且彼此之间各自为政，对接交流不畅，不仅难以在北京市形成一个高效、有机的人才管理网络，更谈不上以北京为总部形成一个覆盖全国的人才社会管理体系。

与北京"人才市场"的状况不同，英国政府在全国设有1200多个"就业中心"，进行垂直化管理。伦敦"就业中心"负责向全国发广告，请需要雇员的雇主及时向中心通报工作职位信息，各地的就业中心联网运行，信息共享。20世纪70年代随着计算机网络兴起，美国劳工部与各州职业代理机构合作创建了美国职业银行，将企业和求职者联系起来，建立了完善的人才数据库。而北京的各人才市场之间，人才市场总部与分部之间的信息缺乏有效沟通交流，全国性的人才信息共享机制尚未成形。

其次，专门针对文化人才的服务机构和行业组织很少，且缺乏市场服务意识。从国务院所属部门人才服务机构名录可以看出，大部分机构专门为职能部门人员提供人事服务，市场化的人才中介机构不足，专门针对文化人才服务的只有文化部文化艺术人才中心及国家广播电影电视总局广播影视人才交流中心。文化部文化艺术人才中心专门承担文化流动人员和单位聘用人员的档案管理，广电总局广播影视人才交流中心则主要接受广播影视单位和流动人员的委托进行管理。两个部门在收集信息时主要依靠相关人员自主提供信息，缺少部门及服务相关介绍，人才缺乏对其服务的认知；在流动人才信息管理、储存中档案更新不及时，信息化管理水平不高，发布艺术流动人才供求信息时效性、全面性有待加强。与北京不同，日本东京成立了专门的文化人才信息管理平台，建立了日本甚至全球化的文化人才信息数据库，并对信息进行实时更新。而北京缺少专门针对文化人才进行信息统计、管理的机构，在全球化的人才竞争中缺少"知己知彼"的意识。另外，北京的文化、人才相关行业协会、行业组织很多，但介入文化人才服务的第三方组织很少。北京文化类行业协会、行业组织的工作大都停留在宣传、开会、执行政策、收取会费层面，没有起到明显的人才社会管理的作用。

再次，北京的人才中介企业总量不足，服务水平参差不齐，具有国际竞争力的中介机构较少。北京中介企业名录显示，北京的人才中介企业共255个。第六次人口普查公告显示，北京市常住人口为1961.2万人，也就是平均每76909个人有一个人才中介服务机构，而英国平均每5000人就有一个人才中介服务机构。而且，服务水平参差不齐，具有国际竞争力的中介机构较少。由于市场准入的"门槛"比较低，国内的人才中介机构大多规模不大，不能从宏观上对精英人才的流动进行正确把握，资金和实力的薄弱，使得它们常常没有充足的资金预算去制定人才信息战略规划。除此之外，国内人才中介企业在市场运作能力方面与外资企业差距较大，这使得在北京人才中介市场上国内中介企业的市场份额远不及外资企业。

以人才网站为例，市场上三大人才网站智联、中华英才和前程无忧占据了网络招聘约70%的份额，而三者的最大投资方都是外国资本。美国的专业性网站包括专注工程技术人才的Dice.com，专注高层次人才的Careerjournal.com，专注50岁以上的高龄人才的

workforce.com和专注临时性工作岗位招聘的Net-Temps.com等，它们针对不同人才提供个性化的服务与帮助，提高人才交易的成功率。目前北京人才网站除了专门为高校毕业生服务的应届生求职网等少数网站，大部分网站为综合类，目标定位不明确。由此可见，北京市应该致力于发展提供专业化服务的人才中介机构。

（三）企业管理

企业的人力资源管理制度与吸引人才、留住人才直接相关，对人才的集聚效应具有一定的放大作用。人力资源管理制度一般包括聘用制度、薪酬制度、考核制度、培训制度等。

首先，不少企业在吸引人才过程中"任人唯亲"，对引进人才缺乏有效的评估。人力资源的"亲属结构"不断扩张，以亲属、乡土、学校为中心形成了资源配置与信息交换机制，在人员安排、资源配置、职位升迁、利益分配等方面具有排外性，直接破坏了人力资源的多样性、开放性和公平竞争性，这种封闭性的人才吸引机制最终制约人才的有效集聚。在人才引进过程中另一个问题是缺乏有效的人才评估标准，部分企业在引进人才时侧重考查其论文发表或科研项目等情况，对其团队精神、道德修养等方面缺乏评估，导致不负责任的人被引进。他们缺少与原有工作人员的沟通合作，易造成内耗。

其次，多数企业在引进人才后缺乏有效的管理。引进优秀的文化人才后，如何用好他们，发挥他们的积极性，帮助他们创造最大的价值，是企业管理中一个具有挑战性的课题，而目前多数企业在引进人才后缺乏有效的管理。与一般员工相比，文化人才具有鲜明独立的个性和特定的价值观，行为方式上更具独特性，其从事与创意相关的工作，需要更自由的时间和更宽松的环境。以规章制度为中心的传统的刚性管理方法，把制度约束、简单的物质奖惩作为管理手段，强调遵守和服从，忽视人性和个性的发展，不利于文化人才积极性、创造性的充分发挥。同时，由于创新是有风险的，所以对于每一次创新活动，创新者都没有十足的把握，如何面对不可避免的创新失败，是知识型企业吸引和留住知识型员工、保持企业核心竞争力的关键要素之一，而这是企业在文化人才管理中常常忽视的一点。再如文化企业中已经出现了越来越多的柔性引进人才方式，即在不改变国籍、户籍和身份，不改变人事关系的前提下，以智力服务为核心，突破工作地、工作单位和工作方式的限制，充分体现个人工作和单位用人自主的一种来去自由的引进人才的方式。这样引进的文化人才，工作时间、地点无法保障，工作绩效很难套用一般的评价标准来考核，对此企业需要创新和完善其相关的人才考核制度。另外，世界范围内的文化人才竞争，要求企业在提供具有国际竞争力的薪酬福利方案、包容多元的企业文化外，还要建立与国际接轨的管理制度。只有具备与国际接轨的工作环境、团队配置等组织环境、激励制度等政策环境，才能吸引国际化文化人才，才能充分发挥国际化人才的作用。

再次，企业员工培训的缺失。我国传统文化人才培养中理论与实践的脱节和创意市场的不断发展，都需要企业在引进文化人才后对其进行培训，需要企业结合产品开发和研究项目，有针对性地开展创意设计、商品制作及市场产业化等方面的系统性继续教育实践。然而，文化创意人才的高流动性使得大部分企业只注重眼前利益，忽视或不愿意为文化人才的培养进行各方面的支出。

行之有效的人才管理需要依赖人才的市场化，这就意味人才集聚过程中社会管理及企业管理亟须加强，意味着政府管理由主导到引导角色的转变。只有政府管理、社会管理及企业管理的合理性分配，才能保证文化人才集聚教育的效益最大化。

案例：日本出版社的人才管理特色

上个世纪60年代，在日本经济大发展的背景下，日本出版业获

得了较高速度的发展。日本的出版业成为年轻人择业的热门行业。日本的出版业抓住了人才涌进的契机，经过几十年的摸索，建立了一套严格的人才选择标准和人才管理制度。

首先，他们的人才选择有两个渠道：一种是刚从大学毕业的学生，也就是没有工作经验的学生；另一种是已经进入社会的人员。日本的出版社在聘用学生的时候，不太愿意选择研究生，而是倾向于本科毕业的学生。这里有他们自己的考虑：一是他们认为刚毕业的大学生可塑性较强，除了有较为全面的知识基础(日本的大学是一种大众化的教育，是一种打基础的教育，大学生只有在读研究生时，才涉及专业的问题)外，还便于公司在以后的工作中进行培养和塑造，成为公司的骨干或将来成为公司的管理人员；二是刚毕业的学生容易接受公司的企业文化，忠诚于公司，并成为公司文化的发扬者、完善者，有利于企业文化的稳定和发展；三是大学本科毕业生不会像研究生那样，在精神上和物质上有比较高的要求，公司引进他们有利于降低人事成本。另外，已经进入社会的人员，就是大多是在别的出版社工作过，有一定工作经验和工作业绩的人，是各出版社竞"挖"的对象。日本人并不热衷于频繁的跳槽，出版社在挖人的时候也很慎重，条件比较好的出版社，往往通过各种优越条件聘请他们需要的人，这里也有人才自己的选择流动。

其次，日本出版业在人才输入上实行归口管理，把关很严。日本出版公司有一套较为严格和完备的选择标准。日本出版社是完全的企业，推行完全的企业管理制度。所以，出版社每进一个人都必须通过层层考试。第一层考试是写作，如写小论文，什么内容的都有，这是看考生的文字能力、思维能力和总结能力。第二层是面试，通过层层的面试，看考生的道德素质和沟通能力。这种考试不是一次两次就完结了，在日本一些大小版社，可能要考四次或五次。通过这样的严格筛选，保证新进员工都是企业的生力军，不但能够创造利润，还能够获得对企业文化的认同，培养对企业的忠诚。因为，你为了得到这个工作岗位付出了很多的努力，打败了很多竞争对手，你就会珍视它，努力工作，而且不轻易跳槽。

再次，日本的出版社里都各有一套比较完备的人才培养制度。新人进入出版社半年后，就有一次培训。与我国出版社对新编辑培训不同的是，日本出版社的新人培训是全封闭的，时间一般是一个星期或10天，培训的主要特点，是学员和老师一起讨论出版选题，非常注重互动教学，注重发挥群体的智慧和力量。比如，他们会请有经验的出版人士出一些选题，然后分小组进行讨论执行，再由老师来分析总结。这种培训只是第一步，更重要的是第二步，就是边干边学，出版社也把这一步作为检测新员工的悟性和实战能力的主要依据，出版社也是在这时候才开始真正选拔人才的。在内部的压力下，为了适应出版社的工作，许多新员工会买些编辑出版方面的书自学，或者到社会上一些相关的学习班去补习。对于优秀的新员工，出版社会有步骤地给他们一些锻炼的机会，比如，安排他们到别的相关岗位进行锻炼，一步一步地锤炼他们，同时也是考查他们。这个阶段，对人才的成长和晋级是至关重要的。第三步，日本的出版社在进入之后，不会直接把他们放到指向性很强的工作岗位上去，而是安排他们到基层熟悉业务，熟悉出版各个环节和流程。这里有两个意义，一是让新进员工熟悉包括编辑出版业务在内的其他工作环节，比如了解市场动向和成本核算；二是通过岗位流动，让员工产生岗位的不确定性，使员工有危机感，有竞争感，从而激发活力和创造力，并促使他们不断地学习。这是入社前期的三个考验步骤。新员工到达指定岗位后，也不是一成不变的。当员工在某一个岗位的创造能力达到极限时，他们有可能会被调离，到新的岗位去寻求再生。

最后，日本出版社在利用制度挖掘员工潜力的同时，也非常注重

用企业文化来激发员工的积极性、凝聚力和创造力，具体表现在：

一方面，成熟的企业文化是一种文化氛围、道德氛围和工作氛围，新进员工一旦进入到这个氛围里，很自然地会受到熏陶和教化，产生一种从善如流的心态，发自内心遵从它，喜欢它，以它为楷模和标准，而且害怕失去它，从而给人一种潜在的压力，催人奋进。

另一方面，就是注重团队协作精神。日本的出版社不会轻易裁人，为员工提供稳定的环境，使每一位员工都与企业一道，有着趋同的准则和长远目标，把这个企业作为自己终身的事业载体。反过来，企业也把经过层层筛选出来的员工视为自己的财富。所以，日本出版社任何一个选题，不但考虑公司的长远利益，而且还要考虑对员工的激励、他们不推崇个人英雄主义，他们认为任何一个成功都离不开员工的集体努力。对于不太合格的员工，他们考虑的是怎么把人用活，使每一个人都实现最大价值。

此外，日本出版企业也很注重管理的人性化。公司不但是员工工作的场所，也是感受温暖的地方。例如过生日送贺卡，老员工退休全体员工前去告别等等。在企业里营造一种家庭气氛，处处体现企业对员工的关怀。因此，有的出版社的工资尽管不高，但有能力的员工却不想离开，而愿意选择和公司一起共沉浮。（摘自李常庆《日本出版社的人才管理特色》，《出版广角》2003年第1期。有删节。）

四、文化人才培养体系不健全

北京要建设世界城市，在全球范围内保持竞争优势，不仅需要引进外来的高端人才，更需要大力培养本土化人才。随着文化产业的发展、新型业态的出现，文化创意产业呈现明显的融合性，对文化人才提出了更高的要求。文化人才不仅需要渊博的文化知识、强烈的创新意识、扎实的专业基础，也需要有较高的社会洞察力、市场把握力、人际沟通力、经营管理能力和国际视野。而目前北京的人才培养体系不健全，难以满足文化人才培养的需要。

（一）教育资源分散，缺乏有机整合

社会对文化人才的"金字塔"需求，意味着教育资源分配、人才培养也应建立自上而下的完整体系，而目前北京市的教育资源分散，文化人才的教育体系尚未形成。如北京培养文化人才的高校和职业培训机构很多，仅独立设置的艺术类高等院校就达11所，与文化创意产业相关的本科专业达30个以上。2012年北京市的职业技术培训机构更是高达3711所，其中不少都或多或少地设置有文化创意类相关专业。但不可否认的是，在众多的文化人才培养机构中，专业设置重复、市场定位不清晰、师资水平难以保障、人才培养质量不高的现象很多。尤其是职业技术教育领域，由于很长一段时间多头管理，条块分割，各自为政，造成院校、专业布局不合理，规模效益无法体现。并且，北京市总体上缺乏对学历教育与职业培训的统筹与协调，缺乏对各种文化创意产业相关专业的定位与整合，缺乏国有和民办文化人才教育资源的综合利用。

（二）培养模式与企业需求脱节

培养模式与企业需求脱节是造成目前人才结构性短缺的重要原因，主要表现为：人才培养目标与企业需求的脱节，教学内容和课程体系与企业需求的脱节，培养管理方式与企业需求的脱节，高校孵化器建设不完善，产学研一体化尚未实现。

目前我国人才结构性短缺突出的表现为高端创意人才及行销管理人才的缺失，而大多数高校人才的培养目标显示，技术领域的人才培养远多于内容领域人才和经营管理领域人才的培养，人才培养目标与企业需求脱节。以文化产业经营管理人才的培养为例，2002年北京的一些大学开始培养相关人才，到目前为止北京开设文化产业管理专业的高校只有5所，2012年该专业的招生人数仅为158名，与市场对于该类人才的需求严重不匹配。另一方面，对于高校为培

养复合型人才设立的诸多新专业，企业往往不了解，使得新专业的毕业生在求职过程中处境尴尬：在网申过程中由于专业分类不明，导致部分毕业生难以通过网络筛选；在面试中，企业认定复合型人才不专业或没有设立专门针对新专业人才的岗位，毕业生难以从事与本专业对口的职业，人才价值实现受阻。

从教学内容和课程体系看，公共类课程较多，创意学科课程缺乏，学生关于产业新业态的学习不足，学习内容滞后。在高校125个与创意相关的专业中，以创意命名的专业只有一个。而且与创意相关的课程内容仍过多强调创意相关理论，在教学方式上仍采用传授型教学方式，忽视学生的个性和主动性，缺乏对学生创意思维的开拓。

从人才培养方式看，教育与实践结合的教学方式尚未形成。要在教学过程中使文化、艺术、技术和管理相互融合，准确及时反映产业动态，就要做到理论与实践相结合。但目前，一方面，相关教师多一直处于学校环境，缺乏从业经验，其讲授的知识多停留在理论层面，忽视对学生实践能力的培养；另一方面，教育与实践相结合的人才培养方式的形成，与高校提供的各种实验室、科技园、人才孵化器等实践基地的建设分不开，但目前高校及政府相关投入不足，文化人才参与实践的条件十分有限。如人才孵化器建设，首先北京建立孵化器的高校较少。虽然北京市已拥有国家大学科技园14家，市级大学科技园26家，但专门的文化人才和文化企业孵化器并不多，与发达国家相比远远不足。其次，北京高校孵化器的人才服务管理水平有限，主要服务于教学的产学研一体化人才孵化器少而又少。

（三）人才培养的国际化不足

北京要在全球竞争中保持优势，就必须依靠能够了解多元文化和国际规则且善于国际交往的人才队伍。因此，必须从全球视角出发，推动人才培养体系的国际化，营造人才培养环境的国际化。但目前北京人才培养的国际化水平不高，这从其人才培养体系和培养环境中可见一斑。

从培养体系来看，传统应试教育的培养理念和以强制性、服从性为特征的传授型教学，使得国际化难以融入人才培养的各个环节。从培养内容来看，现有的课程设置偏重对人才语言能力的培养，缺乏对国外文化政治制度等内容的传达，更缺乏对学生国际意识、国际知识和国际交往能力的培养。

从培养方式来看，国际化人才培养方式主要有与境外合作办学、依托境外培训机构和高等院校通过国际学分互认等教育交流方式培养人才等。2011年中日韩三国联合推出了"亚洲校园"计划，在中日韩三国的高端教育机构间，构筑学费互认、学习成绩统一管理、学位统一授予的合作教育项目，促进三国学生的跨国流动，但目前该培养方式仍处于试点阶段。

从培养环境看，国际化的培养环境要求师资队伍的国际化和学生队伍的国际化，并建设国际化的校园文化氛围。国际化的师资队伍是人才培养实现国际化的根本。在世界一流大学中，有国际化学习背景的教师比例通常在20%以上。受资金限制，目前北京高校具有国际化背景的教师仍占少数，聘用的外籍教师不足。从学生来看，留学生数量较少，比例不高，学生的国际化程度不高。2012年北京高等教育外国留学生在校人数40549人，排除培训人数为21105人，占北京高等教育在学人数的3.6%，而英国这项比例24.9%，德国为12.3%，法国为11.9%。除此之外，参加国际交换生项目或者国外研究项目的学生仍占少数，举办国际性学术会议，邀请外国科学家到国内参观、讲学等交流较少，利于多元文化交流的国际化校园文化氛围尚未形成。

由上文分析可见，优化教育资源配置，推动职业教育发展；创新教育理念，推动教育与实践结合；加强国际交流，促进人才培养

国际化，是文化人才培养体系完善必须解决的问题，这些问题的解决均有赖于政府之手的引导。

第二节 北京文化人才集聚教育的挑战

一、全球性的文化人才流动与争夺

随着知识经济的发展，人才价值的持续增加，人才国际化成为必然要求和趋势。在全球化的大背景下，无论是美、日、英、德等发达国家，还是印度、巴西等发展中国家，都把拥有高层次人才作为提升本国国际竞争力的战略资源，全球性的文化人才争夺战愈演愈烈。人才在全球范围内的频繁流动，给北京的文化人才集聚带来巨大挑战。

（一）北京对发达国家文化人才的吸引难度很大

人才聚集的马太效应强调，强势地区在吸引人才集聚过程中更加强势，弱势地区在此过程中会更显弱势。在世界范围内的人才竞争中北京尚处于劣势，表现为对发达国家文化人才的吸引难度很大，在人才争夺战中人才海外流失现象明显。改革开放以来，我国送出140万海外留学生，居世界之首，却只有30多万人回国，其中从北京流出的人才比例份额颇高。据统计，近20年来，清华大学80%、北京大学76%高科技专业毕业生去了美国。与之相对的是，由于经济和科技实力落后，缺乏完善的移民制度及社会文化差异等，北京吸引的发达国家人才少之又少。数据显示，2012年北京来自欧洲、北美洲、大洋洲等发达地区的留学生仅1.1万。

为吸引高端人才，发达国家的政策进一步放宽，有的国家出台政策直接面向中国人才，北京面临更加严峻的形势。美国新的移民制度增加创业签证，将H-1B签证的上线从65000提高到110000

个，增加配额全部给获得美国STEM（科学、技术、工程及数学）学科硕士及以上学位的学生；取消对杰出人才的限额，增发25000个STME领域的高学历人才签证。德国"蓝卡"法案，下调外国专业人才最低收入门槛，对专业人才匮乏的职业，如医生、工程师，年薪门槛降至3.5万欧元。日本实施积分制引进人才，将人才获得日本绿卡的10年留日期限缩短为5年，同时将最长居留期限由3年延长为5年。加拿大推出SDS计划放宽中国留学生签证门槛。

（二）国内的文化人才竞争

除了与发达国家的人才竞争外，北京还面临国内如上海等其他正在建设世界性城市以及二线城市的人才争夺。

在北京产生首批10个文化创意产业领导小组认定的集聚区之前，上海的集聚区已有50多个。相较于北京，上海在集聚区建设方面的制度更加完善。从2003年开始，"万名海外留学人才集聚工程""香港千名专才计划""浦江人才计划""上海青年高端创意人才促进计划"等一系列政策的实施和有序推进，在海外人才中间产生极大影响。2010年，上海被联合国教科文组织授予"创意城市网络——设计之都"称号。《上海市设计之都建设三年行动计划》政策的实施，为吸引海外人才营造了良好的社会、文化氛围，使得上海在海外人才中的知名度、亲和力日益增加。上海在地理位置、国际化、创意氛围等方面占据优势，是北京在人才集聚过程中的有力竞争对手。除此之外，国内其他大城市在人才生活环境、经济环境、制度环境方面逐步改善，对人才的集聚能力不断提高，与北京的人才竞争愈加激烈。

国家出台大量区域发展政策推动区域经济的发展，促进了二三线城市的崛起，二三线城市的工作机会增多，生活条件改善，收入水平提高，对人才的吸引力显著增强，同时二三线城市对于文化人才建设更加重视并不断推出相关政策。如厦门2010年启动"双百计

划"引进高层次人才，2012年推进实施"海纳百川"人才计划，并成立市高层次人才发展中心，打造"高层次人才之家"。2013年《厦门市"海纳百川"人才计划优惠政策暂行办法》出台，在人才居留和出入境、落户、保险、住房、税收、通关、薪酬、金融服务、政治权利等方面提供优惠政策。同年实施《厦门市宣传文化"四个一批"人才选拔培养管理办法》，选拔在社科理论、新闻出版、文化艺术、文化产业经营管理、文化专门技术等领域的优秀人才，为其提供培养支持，完善激励机制。另外，青岛也先后实施了《青岛市引进高层次优秀人才来青创新创业发展的办法》《关于实施"青岛英才211计划"加快推进"百万人才集聚行动"的意见》及《青岛市文化人才培养和引进计划》（2013）等，依托青岛的区位优势，打造文化人才建设高地。

与此同时，北京面临土地和环境承载能力的制约，打造宜居城市、建设世界城市的任务艰巨。《中国海归创业发展报告2012》显示，海归创业的地点逐渐转向内地及中小型城市，如杭州、常州、青岛等。由图表15可见，2014智联招聘数据显示，毕业生选择北上广一线城市就业的趋势有所下降，苏州、深圳、西安等经济发展较快的二线城市，对毕业生的吸引力加大。2013年11月15日公布的《中共中央关于全面深化若干重大问题的决定》，提出"全面放开建制镇和中小城市落户限制，有序放开中等城市落户限制，合理确定大城市落户条件，严格控制特大城市人口规模"。在控制人口规模的目标下，北京的落户难度将进一步加大，而落户是人才选择城市的重要考虑因素。随着这一政策的实施，人才向二三线城市流动的趋势会明显增强，北京的城市"挤出效应"会愈加明显。

图表15 2014年不同城市应届生岗位竞争指数

排名	城市	竞争指数	排名	城市	竞争指数
1	苏州	90	15	长春	54
2	广州	84	16	成都	54
3	深圳	82	17	重庆	52
4	西安	73	18	沈阳	51
5	南京	70	19	哈尔滨	48
6	北京	66	20	太原	47
7	武汉	66	21	郑州	45
8	上海	62	22	厦门	39
9	长沙	59	23	无锡	38
10	天津	59	24	济南	36
11	杭州	56	25	青岛	30
12	大连	55	26	福州	30
13	石家庄	55	27	宁波	23
14	合肥	54	28	昆明	22

统计规则：基于智联招聘2010－2013年应届生招聘数据库的数据检测统计分析
数据来源：智联招聘（www.zhaopin.com）
数据定义：竞争指数＝投递数／职位数

综上所述，面对国内外激烈的人才竞争，未来北京文化人才集聚面临的主要挑战包括：人才环境是吸引人才集聚的先决条件，如何改善人才环境建设，以提高北京在人才竞争中的竞争力；建设世界城市强调多层次多样化文化人才的集聚，在控制人口规模的制约下，如何实现文化人才结构的合理化。

二、开放的文化环境与文化安全保障

如前所述，人才集聚的前提是具有一个尊重创意阶层生活方式选择权、具有多样性宽容的人文气氛，这就意味着文化人才集聚机制的建立依赖的是一个开放的文化环境。人才集聚必然伴随外来人

才的流入，人才作为文化的载体，其流入必然伴随着中外文化在语言文字、风俗习惯、价值观念和生活方式等方面的碰撞。一方面，中外相互间的文化交流加强，丰富了北京文化，使文化更加多样化；另一方面，开放的文化环境，对发达国家文化产品的输入限制减弱，可能伴随着文化扩张甚至"文化霸权"，威胁北京的文化安全。

文化人才集聚挑战文化安全，首先表现为如何在开放文化环境的过程中，"内聚人心，外树形象"。这包含两个层面，一个是文化精神层面的，主要是指对传统文化的传承、保护和创新，比如对文化礼俗的继承，对历史文物的保护和对文化遗存的创新，形成文化认同和文化自信，以此凝聚人心；一个是文化产业意义上的，不管是国内的文化市场，还是涉外的文化交易，都能形成一种充满活力的常态化交流。[8]从文化精神层面看，传统文化特别是非物质文化的传承问题严重。以戏剧为例，北京市级的戏剧非物质文化遗产包括昆曲、京剧、河北梆子、大兴诗赋闲及柏峪燕歌戏，而这些戏剧在青少年人群中极度缺乏认知度。与之相对的是，欧美发达国家的影视剧等文化产品在青少年人群中广为流传，具有较高的美誉度。传统文化的认同和自信不高，与发达国家的文化具有很强的渗透性形成鲜明对比。在开放的文化环境中保持北京传统文化体系的独立性，使其免于遭到来自外部文化因素的侵蚀、破坏甚至颠覆，是北京建设人才集聚中心必须考虑的因素。从文化产业层面看，开放的文化环境下的文化交流，也是北京文化输出的过程。文化输出依赖文化产业的发展，与世界发达城市相比，北京文化产业尚处于初步阶段，缺乏具有国际竞争力的文化产业、文化产品。

文化人才集聚挑战文化安全，还表现为如何把握文化开放程度。互联网，尤其是以Facebook、Twitter等为代表的社交媒体，

---

8 魏鹏举：《文化创新：新京报记者对话魏鹏举》，《快乐生活》（香港），2012(3)。

具有用户自制内容、传播广泛、即时病毒式扩散等特点，大大提高了文化把关特别是舆论监控的难度。引进国外先进人才，推动国内人才的国际化，需要与国际化搜索引擎、国际化沟通交流方式的对接，而北京很难做到对这些国际化沟通交流平台的舆论监控。这就意味着外来思想文化进入北京甚至全国的壁垒大大降低，同时意味着网络暴力事件、网络约架事件等有了新的滋生发展平台。人才集聚过程中的文化开放，特别是互联网平台管制的放松，对文化把关提出挑战，可能威胁文化安全，甚至国内秩序。在文化人才集聚过程中，对文化开放程度的合理化把握至关重要。

北京具有丰富宝贵的历史文化资源。在文化人才集聚过程中，弱化外来强势文化的冲击，保持文化独立、自信与延续性，把握文化开放程度，在自主和自愿的基础上进行文化革新，吸收和借鉴一切对自己有利的文化价值观念和文明生活方式，真正做大、做强北京的文化产品，让更有活力、更具创造力的文化人才进入文化产业领域，提高北京文化的国际竞争力，提高北京文化的国内影响力，对北京乃至全国都有深远意义。

三、文化人才聚集的政府引导与市场调节

在日趋激烈的人才竞争中，如何更好地处理政府引导与市场调节的关系，对北京市有效有序推进文化人才集聚工作，构建世界性城市来讲至关重要。

前文提到的北京市在文化人才集聚过程中面临的主要问题，比如具有国际影响力的产业集聚区品牌缺少、人才管理的不配套等，多是由于市场配置作用缺失而导致。与发达国家相比，北京人才市场发展不健全，企业和中介机构的国际竞争能力不足。目前北京市具备国际竞争力的优秀企业较少，大部分企业在参与国际人才竞争方面往往面临资金缺乏、管理水平不高等问题，对人才的吸引不

足，引进人才后的利用不高，有效的人才社会管理机制尚未建立。

一些西方国家的文化人才集聚方式，主要有市场主导型人才集聚模式和政府扶持型人才集聚模式，但无论哪一种模式都注重发挥市场在人才配置中的主导作用。以美国为例，美国并没有专门的文化人才管理机构，但美国却依赖市场配置建立了世界上最完善的人才机制。这就意味着，北京参与全球范围的人才竞争，需要北京市政府由主导向引导角色转变。即必须尊重市场对人力资源的基础配置作用，通过市场机制来联结海外人才、企业与国际市场接轨。

同时，由于国有资本和民营资本的市场权力不对称，政府推动文化产业发展、文化人才集聚的扶持政策优惠更多地落在国有资本身上，很容易在文化领域导致垄断，遏制文化市场活力，造成文化人才的分布不均衡。国有资本具有天生的惰性，对文化人才重视程度不高，在人才吸引、人才晋升等方面官僚问题严重，制约文化人才价值发挥的积极性。将市场机制引入文化人才吸引、管理过程中，势必会冲击国有文化企业"一人得道，仙及鸡犬"的"亲属结构"，冲击"惟上是从"的运营思想，影响固有群体的既得利益。在改革的过程中如何应对各方势力的阻碍，是北京市在文化人才集聚过程中发挥市场配置作用的重要挑战。

由于北京市文化企业、人才中介机构与发达国家相比差距较大，如果片面强调市场的资源配置，可能导致外资企业、国际化的猎头公司占领北京市场，北京本土的文化企业面临生存发展困境，制约人才集聚。对此，北京市政府应起到相应的引导作用。这种引导可体现为与文化人才休戚相关的文化产业的引导及文化人才引导两个层面上。

从文化产业的引导层面看，目前北京市政府的优惠政策多落到国有资本企业上，且主要方式为直接的资金支持，缺乏创新性。韩国对于电影领域有补贴，但不是补贴给具体的电影或电影企业，而是通过鼓励风险投资的形式扶持电影市场。风险投资的介入，使得电影制作更专业，利于电影事业的长远发展。

从文化人才的引导层面看，北京文化人才引导的突出问题是相关政策不完善，依靠政府力量设立的人才信息库、人才共享机制不健全。在减少行政干预，引入市场机制的过程中，如何更好地扶持、引导北京文化企业的发展，发挥企业吸引人才的主体作用，提高企业对国际化人才的吸引力，完善相关政策，建立健全人才信息库是北京吸引人才集聚、提升国际人才竞争力必须应对的挑战。

综上所述，对于文化人才集聚的引导之"手"，最后必须逐步过渡到文化人才的市场化调节。政府应从直接参与转变到通过建立体制机制、完善政策法规、健全监管、做好服务、优化环境等来引导人才集聚。在角色转变的过程中，北京市政府必须做好准备，引导北京市企业应对国际化企业竞争，同时制订方案扫除改革阻力，使损耗最小化，最终建立政府引导和市场调节相结合的人才资源开发和配置机制。

构筑全球人才高地

第五章
构建北京文化人才的集聚机制

如前所述，文化人才集聚是文化人才在流动过程中所表现出来的一种特殊状态，是指一个社会已经存在和即将存在的分散文化人才的各种动力促使人才流动，而向某一地区集聚，进而形成一个较大的文化人才群体的过程。文化人才集聚的根本动力来源于资源合理配置的需求。单纯讲求文化人才的集聚是不会对社会产生大的影响的，这必须要与一定的政策、财力、人力、物质资源相匹配，才能使之体现最高的效能和价值。并且，一般来说，人才聚集现象分为初级阶段和高级阶段，初级阶段以量变为主，突出表现为人才聚集数量的增加，高级阶段则以聚集效应的出现为标志，突出表现为人才与产业、环境之间融合度的提高，并出现人才使用中的加总效应。北京市要推动文化人才的集聚，不能仅仅满足于文化人才数量的增长，还要达成文化人才与北京市文化创意产业发展、北京城市建设甚至是文化软实力提升的同生共振，这就需要建立一种文化人才集聚机制来进行全方位的文化人才集聚工程建设。

第一节 关于人才集聚机制的理论阐述

人才集聚可以有效整合人才资源，降低人力成本，推进区域间人才资源的整合交流。健全的人才集聚机制才能确保人才集聚内外部各个环节在产业经济大环境下有条不紊地高效运行。所以探讨人才集聚机制理论，对于北京市建立科学可行的文化人才集聚机制具有重要的意义。

一、人才集聚机制

对于人才集聚的定义，学术界已经有了诸多较为成熟的探讨。Simon认为人力资本聚集是各种人力资源由于在就业上存在的关联性，而在空间上比较集中的现象[1]。国内对此概念进行定义时，产生了人才集聚和人力资本集聚两种说法。其中，牛冲槐将人才聚集定义为在一定的时间内，随着人才的流动，大量同类型或相关人才按照一定的联系，在某一地区（物理空间）或者某一行业（虚拟空间）所形成的聚类现象。其主要特征表现为空间性、聚类性和规模性[2]。

从国内外的学者对人才集聚内涵的阐述可以看出，人才集聚具有一定的空间流动性、目标指向性，在集聚发生后会产生规模效应、产业效应和经济效应。而且，这种人才集聚可能是具有同质性质的同类人群或者是非同质性质的不同类型的人群的聚集。

为了达成人才集聚的目的，建立一种人才集聚机制十分必要。所谓人才集聚机制，指的是为了确保人才集聚能够合理地发生、持续地行进而形成的一系列保障措施和政策制度。从结构上来看，人才集聚机制可分为内生机制和外部保障机制。从功能来划分，它又

---

1 Curtis J.Simon，Human Capital and Metropolitan Employment Growth，Journal of Urban Economics，1998（43）。

2 牛冲槐：《人才聚集现象与人才聚集效应分析及对策》，山东科技大学学报（社会科学版），2006（3），第13—17页。

可分为人才吸引机制、激励机制、管理机制和保障机制。

本课题组在人才集聚机制理论的指导下，以北京目前的文化人才状况为基础，结合北京建设全国文化中心和世界创意之都的发展目标，构建了北京文化人才集聚机制。参见图表16。

图表16 北京文化人才集聚机制结构图

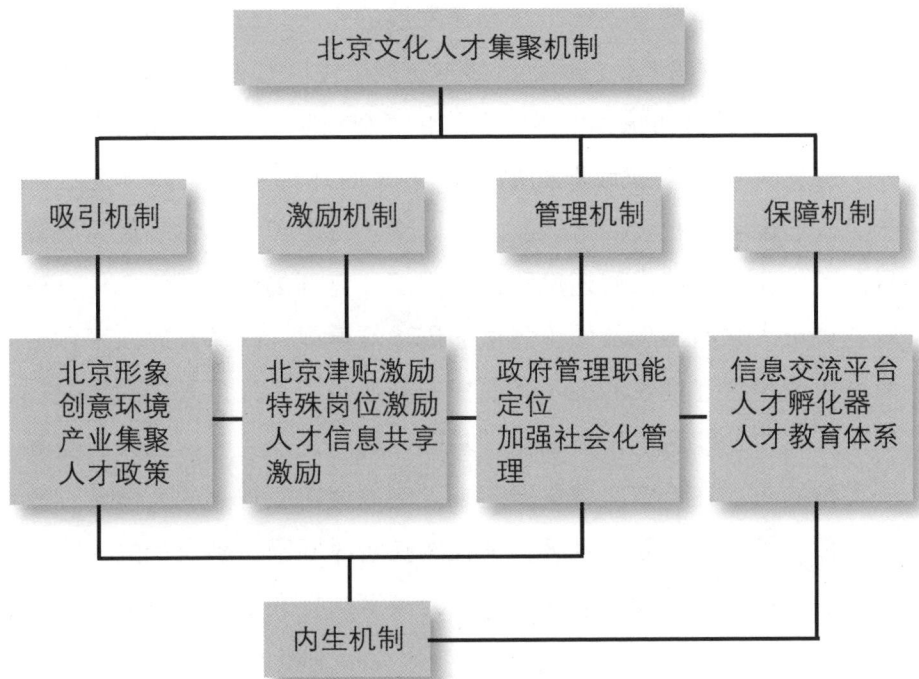

通过图表16可以看出，北京文化人才集聚机制包括了四个环节：吸引机制、激励机制、管理机制和保障机制。其中，吸引机制包括北京形象、创意环境、产业集聚、人才政策等环节，激励机制包括特殊岗位激励、北京津贴激励和人才信息共享激励等，管理机制包括政府管理职能定位、加强社会化管理等，以上部分构成了人才集聚的内生机制。外部保障机制则包括信息交流平台、人才孵化器的打造以及文化人才教育体系的健全等。促使人才集聚机制产生的条件则是内生机制和外部保障机制的有机衔接与共振。

二、人才集聚的产生条件

人才集聚机制的形成会有力地促进人才的集聚，但建立人才集聚机制，必须分析人才集聚的原因或条件。一般来说，引起人才集聚的原因主要有两个：内部条件的酝酿和外部条件的诱发。

内部条件主要指个人意愿，包括求学意愿、再教育意愿、兴趣契合意愿、发展意愿等。在经济高速发展的今天，人们为了自身的提升、就业机会或者其他的原因而经常更换居住地方。北京市作为国家的首都，以其更多的就业机会和优良的基础设施吸引着各地人才。

引发大规模同质或非同质人才集聚的外部条件大体分为三部分，政府因素、社会因素以及环境因素。三个因素具体表现为政策导向和优惠、经济发展速度和繁荣程度、有利的就业居住条件、良好的城市人文氛围以及便捷舒适的周边环境等。改革开放以来，沿海城市因为快速增长的经济和便捷的交通吸引了大量人才的集聚。同时，城市功能区的日益细化，基础设施的逐渐完善，也吸引着不同类型的人才在特定区域集聚起来。例如城市新规划的大学城、教育培训基地和经济新开发区，往往能在短时间吸引到大批的人才。而一些城市兴起的创意区域，则成为具有同样兴趣爱好人群的最佳集聚地。

人才由于以上各种因素会在特定区域产生集聚，而要确保这种人才集聚有序流动并且具有可持续性，就需要政府、企业和社会三者力量相互配合、共同促进一种人才集聚机制的产生。首先政府要进行充足的市场调查，对人才流动从宏观上进行把握和规划，除了提供人才集聚必需的基础设施之外，还要给予大量的政策优惠，在人才集聚地建立起一系列成熟的配套措施；企业在吸引人才集聚、完善人才集聚机制的过程中，要对目标人才做好细分，不断完善人才吸引、培养、考核的内部机制；社会在人才集聚机制产生过程中起的主要是宣传和监督的作用，适当的社会舆论和社会氛围将会促进或者调整人才集聚的合理走向。

三、人才集聚机制的动力因素和创建的意义

人才集聚机制的完善与否，很大程度上取决于它的动力因素的形成。动力因素可以影响到人才集聚机制的长远健康发展以及其自我的完善和创新。人才集聚机制的动力因素主要包括以下几方面：国家政策的持续性和创新性、行业规则的完善性、产业集聚的影响力以及社会舆论导向性。人才集聚机制形成后，人才能够在空间内实现流动，而随着配套设施和政策方针的完善，集聚机制的动力因素则能够引发人才在合理的时间持续不断地进行交流和集聚，从而为产业集聚的繁荣以及区域经济的提升做出贡献。

人才集聚一直被业内视为整合人力资源、实现资源优化配置的有效途径。Giannetti认为不同劳动力个体的集聚和合作将会很大程度上降低生产成本，实现规模效益[3]。赵娓认为人力资本集聚促进信息与知识的流动及新思想、新技术的创造，发挥出整体系统大于部分之和的效应[4]。人才集聚能够为企业、产业、区域和城市带来一系列的附加价值，而创建并完善文化人才集聚机制则可以扩大人才集聚本身的效益，能够促进政府、企业和个人的良性沟通，加快产业更新升级和区域经济的优势提升。同时，某些特殊人才的集聚，例如创意产业人才的集聚往往能够成为城市新的地标，在赋予区域经济活力的同时也代表了城市一种崭新的面貌和未来。

3 Giannetti M. Skill complementarities and migration decisions, Labor, 2001, 15 (1)：1—32。

4 赵娓：《人力资本集聚：农业科技园区可持续发展的路径选择》，《科技进步与对策》，2010 (6)，第40—43页。

第二节 北京文化人才集聚机制的建设

党的十八届三中全会把推进文化体制机制创新作为当前国家建设的一项重要任务提出来，强调要紧紧围绕建设社会主义核心价值体系、社会主义文化强国，深化文化体制改革，加快完善文化管理体制和文化生产经营机制，建立健全现代公共文化服务体系、现代文化市场体系，推动社会主义文化大发展大繁荣。并特别指出要完善文化管理体制，即按照政企分开、政事分开原则，推动政府部门由办文化向管文化转变，推动党政部门与其所属的文化企事业单位进一步理顺关系。建立党委和政府监管国有文化资产的管理机构，实行管人管事管资产管导向相统一。对此，北京市在未来一段时期内，应该以此为方针和原则，持续加大文化人才吸引、激励、制约和保障等方面的建设，加快完善文化人才的集聚机制。

一、建立国际化的高端文化人才吸引机制

在越来越激烈的世界人才争夺战中，北京市应该逐渐完善国际化的高端文化人才吸引机制，在精神层面、环境层面、产业集聚层面和政策层面来打造北京市良好的城市形象，为文化人才的集聚创造优良舒适的环境，加快产业结构升级，打造国际化的创意产业集聚区，最大化地吸纳国外文化创意精英。

（一）塑造良好的北京形象

当今世界竞争日益激烈，国家形象在国际交流合作、吸引国际优秀人才方面发挥着至关重要的作用。美国通过宣扬"平等、自由、民主"吸引了大批海内外人才，为美国经济的繁荣孕育了无限生机。中国改革开放以来的不断崛起的国家形象，也吸引了大量的跨国企业以及国际优秀人才来华工作。同样，一个良好的城市形象也是吸引人才的重要因素之一。北京作为中国的首都，在国际上不仅要以塑造国家

形象为首要责任，同时还应着力打造良好的北京形象。

近年来，北京市在城市形象营造上已经做出了很大的努力，并取得了显著的成效。如利用2008年北京奥运会，提出"绿色奥运、科技奥运、人文奥运"口号，向世界成功推出了一个现代、创新、开放又富于传统文化韵味的新北京形象。2011年11月，经过市民广泛、充分的讨论和投票评选，北京市公布了"北京精神"的具体内涵——"爱国创新包容厚德"。它不仅体现了北京市民共同的价值观念与精神追求，还成为展示城市形象、引领城市发展的一面旗帜。北京市应该在此基础上，以"中国梦"和"北京精神"为内核，进一步推动"北京形象"的建设工程，使之真正成为从精神上吸引国际优秀文化人才的"招才榜"。

首先，深刻挖掘和大力宣传"中国梦"和"北京精神"中世界通行的文化价值。正如处处体现中国文化色彩的2008年北京奥运会用人人都能理解的"同一个世界，同一个梦想"的口号来拥抱四海宾朋一样，北京形象固然要重视宣传"爱国""和谐"等民族性内涵，但对全世界的优秀文化人才而言，恐怕更能让他们理解和与他们息息相关的是"创新""包容""自由"等现代价值观念。随着我国近些年文化体制改革的逐渐深入，对现代文化价值观的阐释和定位也愈来愈符合中国的国情和发展需求，在当今世界经济文化交流日益增多的大背景下，打好民族特色精神根基，同时挖掘世界通行的文化价值观念，把民族的和世界的文化观念巧妙融合在一起，在北京的对外宣传中加以强调，无疑可以更为有效地推广自己，吸引集聚世界各地的优秀文化人才，建设有影响力的世界城市。

其次，打造"北京名片"。"北京名片"是最能够体现北京地域、文化、经济、政治特征的符号的集成，也可称为北京的文化符号。打造"北京名片"应该通过界定传统和现代文化符号，以点带面地进行规划和宣传。对于传统的北京文化符号，原北京师范大学

王一川教授在《我国文化软实力发展战略研究》的调查研究中，共选出270项最具推广价值的中国文化符号，其前150项中专属于北京的城市文化符号有18项。其中，第一类历史或博物类文化符号有7项，即京剧、长城、故宫、圆明园、颐和园、天坛、胡同文化；第二类大众传媒或时尚类文化符号有4项，即CCTV、春晚、百家讲坛、同一首歌；第三类体育类文化符号有3项，即北京奥运会、鸟巢、水立方；第四类产业品牌类文化符号有2项，即联想、同仁堂；第五类高科技类文化符号有神舟飞船；第六类高等教育类文化符号有北京大学、清华大学。[5] 同时，2006年5月美国《新闻周刊》根据美国和加拿大网民投票，评选出了21世纪以来世界最具影响力的12大国家文化以及这12个国家文化的二十大形象符号。其中中国文化居世界第二位，中国二十大形象符号中的北京符号有4个，分别为北京故宫、长城、京剧、天坛。除此之外，随着文化产业的崛起和繁荣，北京正在形成全国文化产业的发展中心，对此还应该着力打造一批新兴的现代化的北京文化符号，像北京国际电影节、国家大剧院、北京马拉松、北京国际时装周以及北京演艺区等。在打造传统和现代文化符号的时候，应该注重以点带面地进行文化软件、硬件设施的规划布局，将北京市的文化符号优势扩大化，形成区域化的品牌效应和价值，并实现文化符号之间的互相促进和转化，增强区域的知名度和影响力。北京市在打造国际之都的道路上，应该更加凸显北京名片的现代、创新、开放色彩，以凝练、提升北京符号为中心，一方面，加强对现有传统文化符号的维护和传播；另一方面，集中提炼一些新北京的新符号进行全球推广，使之逐步成为代表北京世界影响力的名片。

最后，重启北京形象CIS设计与推广工程。CIS（"Corporate

---

5 王一川：《北京文化符号与世界城市软实力建设》，《北京社会科学》，2011年第2期。

Identity System"）又称企业识别系统，是指企业有意识、有计划地将自己的各种特征统一化，并向社会公众主动地展示与传播，使公众在市场环境中对自身有一个标准化、差别化的印象和认识，以更好地识别并留下良好的印象的战略行为。在北京形象的塑造和宣传中利用CIS战略的整体表达体系，能够促进北京精神和北京名片进一步上升为北京品牌，从而产生更好的传播效应。对此，北京联合大学的李兴国教授早在2005年就进行了北京市哲学社会科学规划课题"北京市城市形象识别系统（CIS）与舆论导向"的研究，并根据CIS"五要素说"，系统论证并设计了北京城市的理念识别系统、行为识别系统、视觉识别系统、听觉识别系统、环境识别系统，提出了五要素相互作用、耦合所产生的"CIS场效应"。[6] 这些研究成果的一部分内容当时被北京市政府采用，如市树、市花、城市主色调等，但由于这些设计所依据的市场调查对象主要是国内民众，实施的时间大都为2008年奥运会主办之前，已经与现在北京市的发展状况和建设目标相差很远。因此，现在很有必要重启北京形象CIS设计与推广工程。在设计中，应该充分调查国内外民众心目中的北京形象状况，以建设具有世界影响力的城市为目标，以北京形象的普世价值为内核，以北京符号为表征，锻造集中、鲜明、统一的北京名片。在推广中，应减少采用耗资巨大成效甚微的形象宣传片等硬性宣传方式，而应通过有针对性地支持北京文化产品的国际输出、建立国际文化交流与交易平台、面向全球影视的北京外景地建设等各种软性传播，打造一个驰骋世界的北京品牌。

（二）提升城市的创意品质

佛罗里达在《创意阶层的崛起》中指出，创意人员聚集的地方品质通常包括三个要点：一是适合追求创意生活的"环境"；二是

---

6 李兴国：《北京形象——北京市城市形象识别系统（CIS）及舆论导向简介》，中国国际广播出版社，2008（4）。

社区内各种"人物"都可以在此互动；三是由众多的"事件"（如街头活动、咖啡厅文化、艺术、音乐及户外活动等）所构成的创意生活。其中第一、二个要点涉及创意人的生活、工作、制度环境，第二、三个要点事关创意人的生活区域与方式。北京在建设文化人才集聚中心时，也应从这两大方面——人才环境和创意氛围的营造入手，同时不断探索开拓北京市创意品质的国际化道路，向全球展示北京的文化魅力和环境，实现北京建设国际人才集聚之都的目标。

第一，人才环境营造

文化人才要在某个区域形成集聚，必然会考虑这个地区的生活与工作环境。公共基础设施的覆盖率、交通的便捷度、城市绿化水平以及信息传播的快捷性等都是评定生活、工作环境优良与否的重要因素。如前所述，北京目前在这些方面都存在着一些问题。为了打造生态平衡、方便快捷的生活工作环境，北京市必须继续进行产业结构调整，降低工业污染源，改善空气质量；继续提高城市植被覆盖率，提倡低碳出行，加快城市的生态营造；持续改善交通拥堵，实施智能交通，大幅度降低通行成本，有效缓解"城市病"带来的一系列问题。与此同时，北京还应全面提升其信息化建设水平，充分利用最新信息技术，建设高质高速、价格低廉、大众普惠的信息网络传输通道；不断开掘文化创意的信息资源，建设多种领衔全国和亚洲、通达全世界的文化创意信息枢纽，以促进信息交流和知识共享，全面提高文化、经济增长质量，推动北京经济、文化社会发展转型的历史进程。

想让各类高端国际化文化人才驻足北京，一个公平、透明、包容的制度环境的形成，必然成为重要的磁极。从北京目前的状况看来，要形成这样一个制度环境，应该逐步采取放松文化人才的户籍管制、提高文化行政办事效率、完善文化人才政策制度等措施来予以推动。北京市一直以来采取的严格的户籍管理制度，很大程度上限制了文化人才的流入和工作生活质量，各种机会、福利不均的现象也影响了人们的工作热情。对此应该尽快放宽高端、国际文化人才的户籍准入标准，改善一般文化人才的工作居住证制度；针对文化产业行政审批办理时间久、审核过程多、门槛较高限制较多的问题，建议政府提高行政审批的效率，推进电子政务的开展，缩短行政审批的过程和审批手续，减少办理难度；北京关于文化人才的政策、法律制度，虽然在数量和质量上已经有了明显的增加和提升，但仍然存在运作过程不透明、法律约束性不强、细分不明确、缺乏监督反馈机制等问题。建议北京市政府完善文化政策制定前的听证会制度，给予社会更大的评论监督权利，并建立人才政策反馈机制，拓宽文化人才对自身合法权利的诉求渠道。同时要对现有的文化人才制度进行细化和分类，完善各类文化人才培养、社会保障、人才考核评估等相关的政策，同时将现有的法律法规体系化，增强法律约束性。除此之外还可以开通各种渠道，宣传、解答文化人才政策的内容和实施中的问题，以扩大社会影响力。

在这方面，可以考虑将中关村人才特区政策扩大到北京市的文化人才领域。如高层次人才享受医疗照顾人员待遇，可以凭相应的高层次人才有效证件，到指定的医院机构就医。在户籍方面，人才特区具有中国国籍、愿意落户北京的高层次人才，不受其户籍所在地的限制，直接办理落户手续；在吸引海外高层次人才方面，如其愿意放弃外国国籍、申请加入或恢复中国国籍，根据有关法律规定，为其优先办理入籍手续，其随迁配偶也被纳入北京市公共就业服务体系，优先推荐就业岗位，积极提供就业服务。在住房方面，由北京市住房保障办公室协调有关区县、产业园区，提供人才租赁住房房源，并由北京市海外学人中心和中关村创新平台安排符合条件的人才入住，等等。这些措施如果能够实施，将会解决许多北京文化人才的实际生活工作问题，极大地推动北京市文化人才的聚集。

第二，创意氛围营造

研究创新与城市未来的欧洲著名学者查尔斯·兰德利在其著作《创意城市：都市创新的锦囊妙计》中指出，创意氛围"是一种空间概念，指的是建筑群、城市，甚至整座城市或区域，包括激发创意点子与发明的一切'软''硬'件设施"。这类环境是实质的，它源于一个城市"有效地在城市的'基因码'中深植创意，并获得显而易见的成功"。[7]城市中的硬件设施，如研究院、文化场所、交通设施等，而软件则可视为佛罗里达所说的街头活动、咖啡厅文化、艺术、音乐及户外活动等。近年来，北京的各种文化硬件设施和软性活动都有了很大增长。如硬件方面，根据文化部公共文化司数据显示，截至2012年年底，全市四级公共文化设施平均覆盖率达到了98.78%，数量在世界城市中已经占到了前列，如下图所示。但在人均占有量和设施使用率方面仍然远远低于西方发达国家。在创意软件方面同样如此，虽然数量很多，但真正具有国际影响力的还不多。因此，吸引大量的文化人才留在北京，北京市仍需在创意氛围营造上下工夫。

图表17 北京与世界城市文化评价排名及得分

排名	城市	平均分数	文化遗产和人口	文化设施和市场	文化活力和产业	生态环境和宜居
1	伦敦	75.74	77.8	67.5	84.47	73.2
2	巴黎	65.52	65.9	62.5	44.27	89.4
3	纽约	60.44	55.95	70.9	50.53	65.2
4	北京	52.5	67.37	47.8	54.93	39.9
5	东京	42.47	36.5	45.9	22.77	64.7

数据来源：《北京文化发展报告（2012—2013）》

首先，北京应该吸引民间资本，营造更多的小型文化创意空

---

7 查尔斯·兰德利：创意城市：《都市创新的锦囊妙计（The Creative City A Toolkit For Urban Innovators）》，清华大学出版社，2009（10）。

间，促进创意活动的密集发生。

文化创意空间的营造，不仅仅包括建设更多的剧院、博物馆、美术馆、文化创意产业园区等大型文化设施的建设，还包括各种有利于激发文化创意的小型实体空间的形成，如咖啡馆、酒吧、画廊以及文化特色店铺等。而后者才是真正培育民众创造力、带来文化人才聚集和促进创意活动扎根生长的温床。因此，北京市在继续加大文化设施的建设、提高人均占有率的同时，还应该切实保护好老城区、老厂房等传统城市空间，加大政策激励，吸引民间资本和文化人才对其进行现代化利用。同时，应该丰富文化创意设施的内容和种类，使之与各种场所相结合，像一些创意雕塑、创意主题公园、创意市集、创意小区、创意公交站台、创意体验馆等等，都能够有效提升社区和城市的整体创意氛围，营造创意社区，形成创意社群。

其次，北京应该整合现有文化创意资源，着力提升一些文化创意活动的国际影响力，缔造世界创意之都。

目前，北京已经作为"设计之都"加入了联合国教科文组织创意城市网络，所举办的北京国际设计周、设计之旅、北京服装周等设计活动得到了世界的关注，成为北京走向世界的一张名片。但仅此显然没有完全显现出北京发展文化创意的潜力和能力。北京应该整合现有文化创意活动资源，经过系统规划、建设，集中力量，把已有一些基础的"北京国际文化创意产业博览会""北京国际音乐节""北京国际电影节"等活动，打造成为具有国际影响力的品牌活动，以进一步提升世界对北京的认知。

再次，北京应该加快对外文化贸易服务体系的形成，大力推动文化产品和服务出口。

随着近来国务院《关于加快发展对外文化贸易的意见》的发布，北京市应该加大力度，尽快形成完备的对外文化贸易服务体系。其一，加快推进天竺综合保税区里的北京国际文化贸易服务中

心建设，使之尽早成为推动北京和全国对外文化贸易发展的重要平台；其二，从政策扶持、机制保障、信息咨询、人才培养、渠道搭建和加强服务等方面，全方位构建对外文化贸易服务支持体系；其三，通过科学规划，市场化运作，建立外向型文化产业聚集区；其四，顺应北京和国内文化创意产业的发展趋势，分阶段重点支持某些产业的国际化战略。如我国电影产业的国际化趋势已然显现，有实力的电影企业纷纷在拓展国际化之路，北京又是我国电影产业的发展中心，北京市应该顺水推舟，对这股市场的力量予以大力支持，经济和社会效益必然很快彰显出来。

（三）增强文化创意产业的集聚度

产业集聚和人才集聚一直都是紧密相连、交互影响的，产业集聚促成人才集聚的发生和发展，而人才集聚反过来对产业集群的发展也起到巩固和推动的作用。创意产业集聚区对人才同样具有很大的吸引力，同时文化创意产业集聚度越高，吸引人才的能力会越强。由于产业集聚度的测度指标同产业集群的发展规模、产业集群内的企业关联以及产业集群的发展活力相联系，所以为进一步增强文化创意产业集聚度，最大化吸引文化人才，应该在继续推进创意集聚区发展的同时，增强集聚区内部和外部的联系。完善产业集聚区内部往来系统建设，完善现有的集聚区政策支持和配套设施，建立集聚区内部统一的服务平台、人才交流平台、信息共享平台等。

首先应该对现有的文化创意产业集聚区进行统一的集聚度测量，通过集聚度的测量结果来制定科学的产业集聚区发展政策。目前，国内常用的测量产业集聚程度的指标主要有空间基尼系数、赫芬达尔指数以及行业集中度指数CRn [8]。国外学者则主要通过运用区位商系数LQ（Location Quotient)判别产业集群存在的可能性和基于

---

8 雷宏振、邵鹏、潘龙梅：《我国文化产业集聚度测算及其分布特征研究——基于省际面板数据的分析》，《经济经纬》，2012（1）。

空间基尼系数G（Spatial Gini coefficient）来计算产业集群集聚度。测量过程应该着重考虑文化企业地理密度、产值密度、人均密度、企业数量、技术衔接、企业规模和企业衍生度等因素。产业集聚度测量能够展现出创意产业集聚区的发展现状和存在问题，对政府制定相关政策和产业集聚区的内部发展规划有很大帮助。

其次要完善文化创意产业集聚区的内外部交流平台。尤其要加强产业集聚和人才集聚的相互关联和沟通交流。具体途径有构建产业集聚区内的人才信息共享网和完善相关的配套设施。产业集聚区的优势在于很多信息可以共享，其中也包括高级文化人才的共享。所以应该创建一个产业集聚区官方网站，用以公布相关人才引进、交流、培养和考核的信息，并将企业对人才的相关需求和人才培养计划展示在网站上，从而实现二者讯息的快速对接。同时应该完善相关的配套设施，如连接二者的相关教育科研机构、公共文化基础设施以及文化娱乐设施等。完备的配套设施能够吸引园区内的不同人才在此暂时集聚，实现业余时间的沟通交流和信息互换，同时也能加快集聚区内的信息更迭和人员更新。

在这方面，可借鉴中关村人才特区建设创新平台和高层次人才创业支持体系的做法，建立起社会化的专业技术职务评审制度，在文化企业中实行股份选择权和奖励制度，并在创业方面从基础设施到金融服务给予文化人才大力支持。同时，建设大学文化园、留学人员文化创业园、文化企业孵化器的运行机制，推动文化创意的发展，为国内外各类文化高端项目提供服务平台等。

资料链接：发达国家人才吸引机制

除了立足本国人才教育之外，发达国家还"放眼国际"，十分重视对海外优秀人才的吸引。为此一些发达国家采取了一系列的政策、措施，通过各种方式来"引诱"海外人才来本国深造并留在本国。通过发达国家吸引国外人才机制的研究，我们发现主要发达国

家已经形成并且实施了一套成熟的人才吸引及教育机制，为本国经济的发展储备了大量的优秀人才。

（一）职业移民政策吸引各类海外人才

移民是发达国家争夺发展中国家人才的最常用、最普遍、最有效的手段。在全球人才资源短缺和人才资本激烈争夺的形势下，很多发达国家纷纷修改移民法规，放宽移民政策，大力吸引海外优秀人才。为吸引世界各国的优秀人才，美国政府通过职业移民政策吸引美国需要的高科技人才、高层次人才和紧缺人才，向具有特殊专业才能的人才提供便利，大开绿灯，增加一般性职业移民签证的配额数量。

（二）签发居留许可，吸引海外高端人才长期定居本国

第一，欧盟："蓝卡"计划

2009年5月25日，欧盟成员国代表正式通过了旨在吸引外国高技术人才的"蓝卡"计划，实施"蓝卡"计划为的是填补欧盟国家专业人才不足，提升欧洲的竞争力，特别是相对于美国的竞争力。欧盟"蓝卡"实际是一种工作和居留许可证，欧盟的"蓝卡"将与美国的"绿卡"形成竞争，而且"蓝卡"相当于无限期的居留许可。"蓝卡"的有效期先是两年，包含一些附加条件。持"蓝卡"的移民的工资必须明显高于欧盟各国的最低工资标准。几年后，"蓝卡"持有者可以得到整个欧盟地区通用的无限期居留许可。在欧盟国家上学的留学生毕业后留在欧盟工作，也可以申请"蓝卡"。

第二，日本：第三次出入境管理基本计划和"在留卡"

积极引进外国高级人才和专业人才是日本的首要目标，2005年，日本法务省入国管理局公布《第三次出入境管理基本计划》，主要措施有：增设居留资格，增加研究活动、特定研究事业活动、特定信息处理活动、外国人教授教育活动等居留资格；延长签证滞留期限，将海外高级研究人才和外国教授的一次签证期限延长至5年；对专业技术人才发放特设的"长期出差签证"；推进日本与

国外信息技术领域技术资格和考试成绩相互认证制度；简化办理居留资格发放手续、缩短审查时间、放宽多次有效短期签证的发放条件、为研究人员发放亚太经济合作组织商务旅行卡等。2009年通过的新居民基本台帐法规定，在日逗留时间超过3个月的外国人，可与日本人一样向地方政府申请获得居民证，日本将向其发行居民基本卡，即"在留卡"。

第三，吸引和留住外国留学生，作为本国人才的后备力量

近年来，国际教育市场竞争日趋激烈。招收外国留学生既为国家增加了可观的收入，又给他们提供了大量的人才资源储备。据统计，从1985年到1995年，世界发达国家接受留学生的平均增长率每年超过10%的就有日本（15.5%）、美国（13.9%）和澳大利亚（11.5%）。美国、日本、德国、法国、澳大利亚等西方发达国家纷纷利用别国尤其是发展中国家青年渴望出国深造的心理，通过设立各种奖学金、发放留学签证、放宽招生条件、简化入学手续、降低收费标准、改进考试制度、允许课余打工等手段，积极吸引外国优秀学生前去留学，并允许他们学成之后在当地就业，以此留住人才。

发达国家凭借自己优越的生活条件和科研条件，还以民间基金会的高额奖学金等方式，在世界范围内招收访问学者，促使其移民该国。吸引人才是一项复杂的社会系统工程，只有调动各方面力量，密切配合，通力合作，才能取得较好的成效。发达国家形成了政府、学校、企业、民间机构有机构成的吸引外国人才的系统。

二、建立现代化的文化人才激励机制

建立现代化的文化人才激励机制，主要指的是为进一步培养文化人才，激发文化人才的创意潜能而进行的制度设计。具体可以通过实施文化领军人才的"北京津贴"制度、设定特殊文化精英岗位、领衔建立国内文化人才信息共享激励制度来实现。

（一）实施文化领军人才的"北京津贴"制度

首先，在整合现有北京人才津贴基础上，设立针对文化创意产业领军人才的"北京津贴"制度。

北京市现有的人才津贴有：2008年开始实施的技师津贴制度，规定除了给予评选技师一次性政府特殊津贴外，对职业技能竞赛中获奖的优秀技能人才也给予了工作晋升和落户北京的优惠。2012年开展了面向专业技术人才和高技能人才享受政府特殊津贴人员选拔工作。北京怀柔区也制定了人才津贴的相关政策。规定区内专家、博士、硕士分别可以享受每月2000元、1000元、600元的特殊人才津贴；符合条件的高层次人才、技术工人每年分别享受8000元、4000元的住房补助；流动人才也可以享受每年2000元的交通补助等。建议在整合现有北京人才津贴制度的基础上，设立专门针对文化领域的领军人才的津贴制度。

文化领军人才是指那些在北京文化创意行业内创新性强、贡献率大、取得了突出文化成果或效益的杰出人才和入驻北京、从事文化创意工作的海外高端文化人才等。文化领军人才应当比现有的"四个一批""文化名家工程"等的界定范围更加国际化、高端化，强调其世界影响力。

其次，津贴可由货币津贴和配套优惠组成，总体补贴额度应该具有一定的国际竞争力。在实施"北京津贴"制度时，应该遵循少而精的原则，对重点人物进行大力支持。同时，确保相关信息透明、公正、公开，接受社会的监督，并对补贴对象实施动态化评估和管理，以确保津贴起到实质性的激励作用。

同时，应该不断完善"北京津贴"吸引人才机制的相关法律法规和配套优惠政策，来确保机制的行之有效。像东莞研究制定多项政策措施，包括《关于加快优秀文化人才引进的实施办法》《东莞市文化人才积分制实施细则》，探索建立了高层次文化人才津贴制度、文化名人工作室和文化科研项目扶持资助制度、优秀人才积分制度，以及优秀文化人才职称评审、医疗服务、配偶安置和子女就学"绿色通道"制度，成功引进多种高层次人才。北京可以借鉴东莞的经验，制定出符合自身情况和特色的北京文化创意领军人才的津贴制度。

（二）设定特殊文化精英岗位以完成重大攻关项目

随着文化产业的深入发展和文化产业服务其他产业的程度不断深化，北京市包括国家都在建设一些具有战略意义的重大文化攻关项目或工程，或者在一些领域进行一些重大的文化创新。此时，可以通过设立特殊文化精英岗位，以项目招标的方式在全球招聘人才，为其提供高薪和优越的工作生活条件，以快速集聚海内外文化精英人才进行项目攻关。

确立文化精英岗位，以岗位的高度创新性和特殊性来配置高薪和配套条件，无论人员资历如何，只要他能够胜任这个岗位，并且取得了明显的成效，就可以享受相应的待遇。特殊文化精英岗位，建议由政府和有需求的国内重点企业合作，共同来设立。在实施过程中，要兼顾短期效益和长期效益，要给予人员一定的试错空间，要建立全面的人才考核评价体系。

（三）建立国内文化人才信息共享激励制度

目前国内通行的人才属地制度，使得优秀人才只能在某一个地方为某一个单位服务，这无疑大大降低了人才的使用价值。因此北京市有必要建立国内文化人才信息共享激励制度。文化人才信息共享激励制度以实现"人才信息共享"和"人才共享激励"为目标，主要做以下两个方面的事情。

首先，要对全国乃至海外的文化人才相关信息进行搜集、汇总、统计和展示，建立相应的文化人才信息库和交流平台，促进人才的自由流动，或多地、多点使用，使"人尽其用"。

目前国内由于各地区对文化人才的定义有差异，对文化人才的统计路径、人才评价标准不统一，造成人才共享机制基础的缺失，间接阻碍了不同地区文化人才的自由流动和共享。建议设定全国统一的文化人才的级别划分标准，对全国文化人才进行统计管理，建立相应的文化人才信息平台。在信息平台上，除了将全国现有的各类文化人才统计信息进行汇总展示之外，还要将全国文化人才集聚区、文化产业园区、各地文化人才政策、优势文化企业信息进行汇总，建成人才、企业、政府三方面的信息总汇、交流平台和全国文化人才信息库。为了提升网络平台的影响力，活跃文化产业和文化人才市场，建议网络平台要突出社区平台的打造。可以借鉴新媒体的运作情况，建成文化人才交流社区、文化人才服务社区、文化人才创新社区等模块，同时积极利用网络新媒体即微博、微信、手机客户端等方式，拓展文化人才信息共享平台的真正实现，以实现文化人才的广泛流动。同时，还应提升国际视野，在优秀人才资源信息共享、兼职、挂职、任职、项目合作等方面加强与国际接轨。

其次，要在整合全国乃至国际文化人才信息的基础上，出台对于文化人才共享的激励制度。对于在文化人才共享方面为北京做出了贡献的省市政府部门、社会机构、企业和个人给予奖励或享受一定的优惠政策，以鼓励更多的省市和海外机构参与北京文化人才信息共享体系。

三、打造系统化的文化人才管理机制

文化人才管理机制是为保证文化人才集聚机制有序化、规范化的一种机制。北京市应该在现有的文化人才管理方式上，不断明确管理职能，打造系统化的文化人才管理机制。

（一）政府人才管理职能向宏观调控、监管和服务转变

党的十七届六中全会提出要"深化文化行政管理体制改革，加

快政府职能转变"，落实在文化人才管理方式上，就是要转变政府角色，强化宏观调控、监管和服务职能，把具体管理权下放给企业和行业组织。具体说来，政府应该主要负责文化人才规划、政策的制定和解读、文化人才市场的调控以及相关配套服务设施的提供。

首先，制定专门的北京市文化人才规划和政策。

目前，北京已经制定的人才政策包括《关于进一步加强党管人才工作的实施意见》（2013年）、《北京市属高等学校高层次人才引进与培养三年行动计划（2013年—2015年）》（2012年）、《首都中长期人才发展规划纲要(2010—2020年)》（2010年）、《北京市促进留学人员来京创业和工作暂行办法》（2009年）和《关于实施北京海外人才聚集工程的意见》（简称"海聚工程"，2009年）等，国家也提出了文化领域的"四个一批"和"文化名家工程"等中长期文化人才发展规划等。但迄今为止没有专门的北京市文化人才规划和政策。因此，北京市应该组织人力、物力和财力，经过调查研究和科学论证，制定符合北京文化创意产业发展的专门的、自成体系的北京市文化人才规划和政策。

其次，设立北京市文化人才一站式服务平台。

文化人才一站式服务平台指的是由政府打造的为文化人才服务的"绿色通道"和便捷平台。借助平台，政府可以为文化人才提供落户、就业、福利、保险、级别评定、出入境、创业、专利申请等各种项目一站式服务。目前，北京市的人才服务机构很多，也比较分散，如高层次人才的服务由北京海外学人中心负责，主要面向入选千人计划、海聚工程、高聚工程的人选，北京市留学服务中心面向回国留学人员，很多园区也都有人才服务的机构。政府可以在整合现有人才服务资源的基础上，将文化人才的一站式服务纳入现有的服务体系。

同时，为了提高文化人才服务的效率，还可以分类打造高校文

化人才一站式服务平台、创意产业集聚区文化人才一站式服务平台、海外留学生文化人才一站式服务平台等辅助平台。

打造高校文化人才一站式服务平台，应该突出文化人才的教育、实习、培训、就业等方面一条龙服务。随着文化产业的兴盛，开设文化产业课程的高校也日益增多，培养了大批社会急需的文化人才。然而由于产学研结合不够紧密，造成文化人才偏于理论化，缺少对口的实习经历。同时，学校并没有为类似专业的学生提供足够的产业集聚区和文化公司的实习机会，相关的就业讯息以及配套的培养体系大多处于理论和实践脱节的情况。建议政府通过设立高校文化人才一站式服务平台，为高校文化人才提供丰富相关资讯和实践机会，实现学生和文化企业需求的对接，将高校的文化人才源源不断地输入到需求市场中。

打造创意产业集聚区文化人才一站式服务平台应该突出产业集聚区人才的入区档案、落户、福利、保险、级别评定、出入境、创业、专利申请等一系列的手续办理。

打造海外留学生文化人才一站式服务平台应该专门负责海外人才的手续办理，除了办理上述手续外，还应该包括留学、绿卡等相关内容。

在打造北京市文化人才一站式服务平台的时候，应该确保办理过程透明化，接受媒体和大众的监督，避免实施过程中可能存在的不公正现象。同时，要开通文化人才一站式服务平台的线上线下同步模式，运用电子网络工具提升服务的质量和效率，真正为文化人才的引进提供便利，吸引更多的国内外高级文化人才在北京市集聚。

（二）加强社会化人才管理力度，使之成为主要的人才管理方式

改变政府人才管理模式，意味着政府要下放更多的权力给予企业和行业组织。政府可以将一部分权力或职能交由行业协会或联盟

来执行，也可以通过购买企业社会服务的方式来进行间接管理，从而使社会化管理成为北京文化人才管理的主要方式。目前，北京市对文化人才进行社会化管理的措施应该包括：建立北京市文化人才结构及需求的监测、评估与发布体系，创建北京市文化人才素质测评与考核评估机构等。

第一，建立北京市文化人才结构及需求的监测、评估与发布体系

随着近年来北京市文化人才数量的逐年增长，建立北京市文化人才结构及需求监测、评估与管理体系十分必要。它能够帮助政府、企业和文化人才了解北京市现有的文化市场和人才结构状况，有利于加强文化人才需求与文化产业发展的对接和管理。

首先，应该建立北京市文化人才结构及需求监测机构。可以通过竞标方式委托企业承办，建成后由政府购买来实现机构的正常运营。它的主要职责就是调研、统计、预测北京市文化人才的现状、构成和需求。并由专家论证建立文化人才结构及需求检测的具体指标，绘制出相关的文化人才结构及需求监测图。

其次，对北京文化人才结构和需求的质量进行评估。在北京市文化人才结构及需求信息的基础上，分析、评估北京文化人才结构和需求的质量，撰写质量评估报告，为北京的文化人才管理决策和文化企业经营、文化人才自身的发展，提供依据。

再次，进行北京市文化人才结构及需求的信息发布。发布载体最好为网站，因为它能够实时、动态地反映最新状况。

第二，创建北京市文化人才素质测评与考核评估机构

现代人才管理过程中很重要的一个环节就是人才资源的考核评估。在美国，其人事署下设的执法评估处负责对各机关人力资源结构、人力资源素质、人力资源运用及人力资源发展等做出客观的评价，提出改进意见。美国人力资源素质测评是由专门的机构承担的，有官办的，也有民办的。测评中心的测评项目和标准是根据用

人单位要求，与高层次管理人员协商确定，对客户高度负责的精神使其人才评估更具针对性和灵活性。

北京目前的人才资源考核评估都是在政府部门或者企业内部独自执行的，考核评估的标准重指标轻能力，而且没有针对文化人才的考核评估指标和体系。从文化人才具有的自主性、创新性、流动性大的特征出发，必须对传统的文化人才资源考核评估体系进行创新。

为了更好地管理、使用北京的文化人才，北京市有必要设立文化人才素质测评与考核评估机构。为了显示其公正性，这个机构最好是第三方社会组织，具体执行文化人才的素质测评、级别和职称评定、文化企业人才绩效评估等职能。

文化人才素质测评与考核评估机构首先应该致力于创建一个针对文化人才的素质测评和考核评估的标准体系。这个标准体系除了静态地反映文化人才的素质水平和工作绩效之外，还应随着人才素质的提升而使用不同的指标。对于这些标准的设计，国内已有一些学者进行了探讨，如张燕、王晖和蔡娟娟提出了文化人才素质测评指标体系，认为要对文化人才进行以"知识、意识、能力、性格、绩效"为标准的一级测评，同时每一个标准还要细化到具体的二级指标。但仅此还是远远不够的，还需经过学者、政府、企业、人才等多方面的广泛讨论，不断征求意见，经过科学评估和模拟实验后，最后确定下来。

机构还应该设立文化人才考核评估反馈环节。定期对人才进行会谈和调查，满足人才的特殊需求，并对考核评估过程中出现的新问题予以解决。同时，人才考核评估体系还应该同人才管理的其他体系，如人才招聘体系、人才培养体系、人才信息交流体系相联系，保持体系之间交流顺畅和信息共享，以此提升政府管理人才的效率，实现信息的透明化和公平性。

四、完善全方位的文化人才保障机制

文化人才保障机制是指能够保障北京市文化人才有效、持久集聚的各种具体措施。具体包括打造国际性文化人才信息交流平台、设立文化人才政府猎头职能，整合文化人才孵化器和建立文化人才教育体系。由于文化人才教育体系的构成要件较多，内容丰富，所以将辟专章予以论述。

（一）打造国际性文化人才信息交流服务平台

文化人才信息往往具有分散和流动性。打造统一的、国际化的文化人才信息交流服务平台，不仅能够加速北京的文化人才流动，促进人才与用人单位的快速、准确对接，而且能够有效整合全国乃至国际文化人才信息资源，使北京成为文化人才及其信息的汇聚中心。

首先，整合现有文化人才网站，建设权威的、国际性的文化人才信息交流服务平台。

北京现有的人才信息网站分为一般性人才网站和文化人才网站。一般性人才网站有北京人才网、北京市人力资源和社会保障局官网、首都人才网、中国国家人才网以及各类企业性质的人才招聘网站。文化创意类人才网络有文化部文化艺术人才中心创建的中国文化人才网、创意人网站、中国艺术设计联盟下面的中国文化人才网、中国创意设计人才网和文化产业人才网等。纵观门类众多文化人才信息网站可以看出，目前的文化人才信息网络平台大多缺少统一口径，同时存在规模较小，信息不够丰富，人才社区和人才库建设缺失，知名度和影响力弱，以及自成一体、缺乏合作等问题，严重影响了文化人才信息的整合和人才交流、流通。因此，北京市应该在摸清现状的情况下，对相关资源进行整合，委托第三方组织或企业，建设一个权威的、国际性的文化人才信息交流平台。

其次，不断完善文化人才信息交流平台的全方位服务。

文化人才信息交流平台，应该不仅为文化人才提供就业信息服务和新闻资讯，还要包括各个国家的文化人才法规政策、文化精英或专业人才库、人才展示与分类、人才培训以及人才互动社区等版块。对此，国内一些做得比较好的文化人才网站已经探索出了一些有益的经验。如文化部文化艺术人才中心创建的中国文化人才网，包括人才培训、人才引进和输出、人才展示和人才社区等部分。但网站存在设计缺乏创新性、人才服务和培训内容不丰富，同时人才社区版块基本上没有互动部分，只有少数的一些公告，难免会影响到文化人才的关注热情和人才的供需对接。再如中国艺术设计联盟下面的中国文化人才网并没有对文化人才进行分类，而且缺乏自身的特色定位。北京的国际性文化人才网站的建设，应当在总结它们的经验教训的基础上进行。

（二）设立文化人才政府猎头职能

政府猎头是指以政府为主体，依照国家人才战略的部署和要求，委托各类猎头公司，搜寻、甄别和吸纳高级人才的实践过程。其主体是政府或政府直属的大型企业和集团；目标是在全球范围内贯彻和落实国家人才战略，争夺国际高级人才市场；对象是全球范围内的科学家、工程技术人员、专家学者、企业领袖等高级人才。

目前，全球范围的精英人才争夺战愈演愈烈。1945年至1999年，美国从各国掠夺、吸纳和网罗各类高级专门人才50多万人；到2006年年底，绝大多数的、在国际猎头市场上排名前20位的跨国型猎头公司，先后在中国内地和香港成立合资公司。光辉国际、CHINATEAM、TMP等国际猎头巨擘在北京、上海、深圳等地设置了中国办事处，其后又升格为分公司或直接迁移亚太总部[9]。2005年，国内"猎头"行业的市场总量超过25亿美元，中国"猎头"公司的数量与国外"猎头"公司的比例是95：5，而国外"猎头"公

---

9 宋斌：《经济全球化视野下的政府猎头》，《中国商界》，2009（10）。

司却占据了"猎头"市场份额的20%、高端市场的95%。所以创建政府猎头机构至关重要。北京市在2012年6月开始试水政府猎头领域，由北京双高人才发展中心和北京海外学人中心共同成立的乐相国际人力资源北京有限公司与中关村集团、住总集团等九家市属大型国有企业签订为期三年的战略合作协议，帮助这些企业从国内外猎取高级管理人才。

为了引进海内外文化精英人才，北京市首先应该在现有的政府猎头机构中提高对海外文化人才的关注度和引进力度；其次，进行资源整合，构建以文化类人才为特色的猎头服务公司；再次，选择几家实力较强的猎头企业，政府通过契约或股份合作的方式与企业进行合作，将政府吸引海内外高级文化人才的初衷贯彻到企业日常运作中。

除此之外，开展大型国有猎头公司的海外文化人才战略。大型国企在世界影响力和竞争力方面存在优势，大型国有猎头企业除了利用政府资源吸引海内外高端人才的同时，也要利用其国际影响力，积极推进海外文化人才业务。或者也可以通过进驻海外中介市场，购买海外中介公司股份、同跨国中介公司合作等方式来为北京乃至全国最大化吸收国际文化精英人才。

资料链接：美国猎头："阿尔索斯突击队"

第二次世界大战结束前夕，美国总统的科学顾问万·布什向罗斯福总统提交了名为《科学技术——无止境的边疆》的报告。报告指出，科学技术有着巨大而无穷的潜力，重视科技人才，发展这方面的潜力，是需要采取一些特殊手段才能达到的。这个特殊手段就是要组建一支特殊部队，到战败国那里把科技精英弄到手，使他们流向并定居美国。为此，美国竟然动用一个伞兵师、两个装甲师，加上整个第六集团军组成一支作战部队，精心部署并执行"阿尔索斯"计划。不久，"阿尔索斯突击队"的负责人，带着美国政府开列的一长串高级人才名单，秘密地来到德国。

于是，在当时北欧广阔的城市和田野上，出现了一幅绝然相反的忙碌景象：苏联人用火车、汽车、轮船、马匹将成千上万的德国及其仆从国物资和设备昼夜不停、源源不断地拖向东方的苏联；美国人却用标志醒目、声音刺耳的吉普车将一个个举止高雅、步履蹒跚的中老年人准确无误地运送到大西洋另一边的美国。

"阿尔索斯突击队"冒着战火、不惜一切代价，坚持不懈地在废墟中寻找、在难民营中寻找、在地窖中寻找，在俘虏营中寻找……最终，将德国1200多名著名的科技专家一一捕获。到了美国后，他们为了利用这些人的才能，以十分宽容的态度，既往不究，给以高薪和优厚的工作及生活条件。正是这些人对战后美国高科技发展起到了难以估量的作用。

可以说，"阿尔索斯突击队"是美国政府最早组建的一家"猎头公司"。这是美国为维护国家战略利益，以国家政府名义，悍然动用军事力量，血淋淋、赤裸裸地直接猎取其他国家高级人才的"国家猎头"行为，带有很强的破坏性、侵略性和掠夺性。

世界经济经过二战的摧残，百废待兴。当欧美各国跨国公司着手复兴经济时，靠赤裸裸的军事力量和流血战争来抢夺人才已经行不通。为避人耳目，猎头多以公司机构形式活动，后逐渐"军转民"，扎根于商业领域。而且，美国由"战争猎头"而形成的一种对人才主动出击的"猎头"意识和文化迅速成为社会的主流，美国一些大型企业纷纷效仿，在全球范围内寻找和搜猎人才，"猎头"这种方式，逐渐被许多企业接受和实践并形成一种独特的商业模式。他们像丛林狩猎者一样，到处派专业公司帮他们物色比较优秀的人才。在此之后，帮助他人寻找人才也就演变、发展成为一种智力密集型的产业，并涌现一大批猎头公司巨头，如：科恩／费里(光辉)国际有限公司、海德思哲国际公司、斯宾塞／斯图亚特公司、角石国际集团、克立斯汀国际猎头公司、拉塞尔·雷诺兹国际公司、奥杰斯国际猎头公司等。

美国的人才猎头组织将目光转向全世界，并在美国高级人才资源配置和国际人才资源市场竞争中发挥十分重要的作用。美国人才猎头业务是全世界最发达的，其猎头份额占全世界的60％左右，已成为一个重要产业，仅居世界前6位的人才猎头公司其年营业额高达20亿美元（摘自程贤文、宋斌《美国崛起的国家人才战略》，《国际人才交流》2007年第3期）。

（三）加强文化人才孵化器的发展

孵化器（business incubator）主要通过为新创办的科技型中小企业提供基础设施和服务支持，降低创业者的创业风险和创业成本，提高创业成功率，促进科技成果转化，培养成功的企业和企业家。文化人才孵化器指的是定位于文化创意类公司的孵化器，通过为文化产业公司和创意类人才提供研发、生产、经营的场地和基础设施，系统的培训和咨询政策，培育文化产业公司和文化人才。

北京一直注重对企业孵化器的建设和支持。截至2012年底，北京市共有孵化机构127家，在孵企业近8500家。但不可否认，这些孵化器大多定位于科技类企业，对新兴的文化创意类企业关注偏少，同时，针对文化创意企业的特定服务也很少，更谈不上对文化人才的培育。对此，建议政府整合现有孵化器资源，扶持文化创意产业孵化器发展，创新文化人才孵化服务和机制。

首先，制定政策和措施，扶持文化创意产业孵化器的发展。随着文化创意产业发展和文化人才的紧俏，各国都纷纷采取措施来促进文化产业孵化器的发展，像韩国孵化器注重发展新型文化产业，成立了文化产业振兴院和相关孵化器，发掘各种类型的文化内容，为企业提供从策划到制作、流通、吸引投资和出口的服务。推动文化产业繁荣和文化人才的培育。北京市应该先对现有的孵化器企业进行细分，筛选并公示文化创意产业孵化器，对这些孵化器公司给予特殊的补贴和

税收优惠支持。同时帮助现有科技型孵化器企业进行特色定位，对从事文化人才培训服务的企业也给予相应政策支持。

其次，要丰富高校孵化器的服务内容，增加文化人才孵化、培育功能。2010年教育部、科技部发布的《高校学生科技创业实习基地认定办法(试行)》，认定了北京林业大学科技园等22家单位为高校学生科技创业实习基地。然而现有的高校科技园作为高科技企业孵化器，在定位和服务内容上面内容比较单一，缺乏对创意产业类企业的关注，也缺少了同高校文化人才资源对接的部分，高校之间的互动较少。建议成立一个权威性的文化创意产业孵化器中介组织，来沟通北京各高校文化人才、企业和政府之间的关系。同时，丰富现有大学科技园和孵化公司的服务内容，为文化人才提供实习与研究相结合的场所和硬件设施，增加对文化人才的培训、考核和评估等环节；也可以创新服务形式，通过创建创意工作室来实现高校的孵化功能。

再次，创建文化人才孵化器一体化网络建设，通过人才资源、企业需求和政府政策的交流传播，实现政府、企业、高校三者有效对接。韩国在这方面很多经验值得借鉴。韩国的孵化器非常注重网络建设和资源集聚，往往通过建立地区、国家和国际企业合作网络，充分利用大学科技和人才资源，引入国内外知名的研发、培训、咨询机构等。如大邱数码产业振兴院，把准创业人员从大型企业地区事务所的各类高新技术企业集成到一起，通过相互之间的技术交流与信息交流，发挥集聚效应[10]。

最后，促进文化创意产业孵化器运行机制的完善。首先要拓展文化产业孵化器的投资主体。纵观国外的企业孵化器，主要有四类投资主体：政府或非营利团体，大学，私营企业或个人投资者，政

10 东文等：《国外如何推动孵化器产业快速发展，中国科技企业孵化器》，《经济日报》，2007年2月7日。

府或基金会等非营利团体出资由私人经营的复合型孵化器。其中以政府和大学主办为主。北京市应该借鉴国外的经验，不断拓展文化创意产业孵化器的投资主体，同时应该加强同国外文化创意产业孵化器的项目合作。北京市应大力支持孵化机构对接"国际技术转移中心"，鼓励孵化机构与国际孵化器协会等组织开展合作，开展国际技术转移以及创建海外孵化器等。文化创意产业孵化器也可以借此寻找走出去的途径，在数量和规模扩大后通过国际化之路来成功吸引和培养国际化文化人才。

构筑全球人才高地

第六章
建设完备的北京文化人才教育体系

　　文化人才的聚集，不仅需要以优良的环境、激励政策和保障措施来不断地吸引外来的"海龟"，更重要的，是要搭建一整套文化人才的教育机制，来持续不断地培养出本土的文化"土鳖"，而后者才是真正保证北京市文化创意产业不竭活力的源泉。北京无疑是全国文化人才教育的中心，但其传统的文化人才教育体系与当前快速发展的文化创意产业之间存在着一定的脱节现象，因此必须对其进行系统整合和完善。

第一节　整合学校教育资源，进行分类定位

　　北京市应该在现有教育体系的基础之上，根据文化创意产业发展的要求以及人才的需求层次，搭建一个"金字塔"式的文化人才教育体系，如图表18所示，对不同的教育层次进行明确的定位，有针对性地培养文化创意人才，最终达到人才与需求高度匹配的效果。

图表18 北京市文化创意人才教育体系

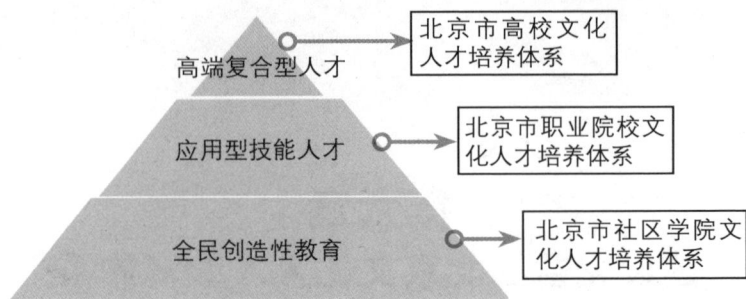

如图表18所示，首先，北京的高校应当着重培养高端复合型文化人才。尤其是在当前高端文化创意人才和经营管理人才紧缺的情况下，高校应当打破传统教育过于重视学科细分的阻碍，采用"通识教育"和跨学科教学方式，培养复合型文化人才；其次，北京市职业院校应主要培养应用型文化技能人才。为了更好地为文化创意企业培养出"一毕业即能上岗"的一线生产、管理、服务人才，北京市职业院校应当采用校企联合培养人才的模式，健全校企合作实践性教学体系；再次，北京市社区学院则进行全民文化创造性素质教育。

一、完善高校"通识教育"文化人才培养模式

北京市在高校资源方面占据着得天独厚的优势，中国顶尖的高校——清华、北大等"985工程""211工程"院校为北京市提供了优质、丰富的教育资源。北京市应该结合文化创意产业高层次文化创意人才不足的现状，充分开发和利用北京市高校科研能力强及各种教育资源丰富的显著优势，将高校打造成为培养高端文化创意产业人才的摇篮。

我国目前的教育过于重视专业细分，而文化创意人才更强调综合能力，即复合型人才，二者之间有些脱节。目前在北京的高校中，文化创意产业相关专业的设置常常分属于不同的学科门类，有的在艺术类学科中，有的在文学类学科中，有的在管理类学科中，

还有的在历史学科中。而且，由于这些院校对文化创意产业的学科性质、学科定位等存在着不同程度的理解，加之各自有着不同的学科背景、学科基础和学科资源，自然而然就形成了文化创意产业学科建设和教学体系的多样化态势。这种多样化态势，一方面体现了文化创意产业学科的人才培养和需求的多元化特征，另一方面也在一定程度上表现出学科建设还处于探索阶段：学科知识由于专业细分而碎片化，完整的学科建制还未树立起来。显然，这种教育状况很难培养出综合素质和能力很高的复合型人才。为了改变这种状况，北京市高校十分有必要加大"通识教育"的比重。

通识教育是一种促进完整人格的建立、促成人的自我解放的教育，是人们把对人类永恒的理想与完美人格的向往和追求寓于大学教育目标的具体表现。作为一种合乎历史潮流的教育和价值理念，它着眼于"人"的培养，体现为一种完善人的教育目的。显然这不是专业教育所能提供和解决的。

北京市高校针对文化人才的通识教育，可采取以下对策。

（一）明确通识教育课程设置目标

我国高等教育课程设置应以人的全面、充分和自由的发展为本位，体现综合性。在课程中既重知识逻辑结构又重知识发展的历史过程，既重知识纵向更新又重知识之间的融合和应用，既关注学生知识的获得，又要关注学生实践能力、创新能力的培养以及健全人格的养成，促进学生综合素质的全面提高。

（二）通识教育课程设置内容

通识教育课程的设置应包含人文知识、自然科学知识、社会科学知识三个方面。

第一，人文知识领域的课程设计目标：培养学生的人文及艺术素养，使其具备相关的基本能力。这一领域的课程，大致可分为以下四大类。

文学语言：内容包括文学、语言、文字、沟通等，旨在使学生能够欣赏人类各项创作能力及不同形态的文学艺术作品；

历史文化：内容包括史学、文物、文化现象等，旨在使学生认识自身及周遭世界的现在及过去，并能展望未来；

哲学宗教：内容包括哲学、伦理、宗教、生死学等，旨在使学生体会、思考及诠释人生及人类生存的意义；

艺术美学：内容包括艺术内涵及形式、美学理论及艺术作品赏析等，旨在使学生能够观察、分析及研究不同的审美经验和艺术现象。

第二，自然科学领域的课程设计目标：授予学生有关生态及科学发展的基础知识，激发学生对自然科学领域的兴趣与认知。这一领域的课程大致可分为以下四大类：

生态与环境：旨在培养学生对环境科技、生态保育的涵养；

物理与天文：旨在为对天文物理有兴趣的学生提供探究宇宙奥秘的管道；

科技与信息：旨在帮助学生了解信息科技对人类的冲击，以及藉由该领域相关知识改善生活的方法；

生命科学：旨在激发学生探讨生命的起源、意义及目的的兴趣，并了解现代生命科学的影响力。

第三，社会科学领域的课程设计目标：培养学生的社会科学素养，使其具备相关的基本能力。这一领域的课程大致可分为以下四大类：

民主与政治：旨在培养学生的民主素养及人权概念，认识多元政治制度；

社会与心理：旨在使学生了解社会群体及人类行为；

法律与生活：旨在培养学生法律观念，使其了解法律与生活层面的融合；

经济与管理：旨在培养学生具备基本经济与管理知识，为学生导入新知识、经济时代作准备。

（三）改进通识教育的教学方法

要深化通识教育，提高教育质量，就必须改进教学方式和手段。"大学教育的试金石不是讲授伟大真理，而是用什么高明的方法来讲授伟大的真理。所以，讲授什么不及如何讲授更重要。"[1]

在我国高校的通识教育中，应首先提倡启发式教学方式，对学生进行知识、能力、素质的综合培养，培育学生终身学习的习惯。它的基本原则是在教学过程中启发学生的积极参与、主动学习、发现问题与不断创新的思维，而不是使学生被动地接受知识的灌输。通识教育的教学应以"授人以渔"为目标，学生的学习应该以学会如何生存为目的。其次还应借助多媒体技术、信息网络，使学生及时掌握了解世界各地已经发生和正在发生的各种资讯的通道、方法，帮助学生更好地吸取知识。另外，还应邀请专家进行各种类型的讲座，积极参加各种社会交流活动，为学生提供多样的了解社会和人生的途径。实施通识教育，就是要培养学生的勇于探究的创新精神、良好的知识结构和积极的人生观、世界观。为此，通识教育教学应该从传统教育的重知识传授转变为重能力培养，变学科的精深讲解为综合素质的提升，变专门化人才为复合型人才的培养。

（四）完善通识教育的课程管理

在我国，一般院校包括研究型大学均没有通识教育与通识教育课程的专门管理机构，通识教育与通识课程的管理处于松散状态。但通识教育在培养大学生的综合素质和能力方面又有着至关重要的作用，因此高校应成立"通识教育中心""通识教育教学指导委员会"等通识教育的专门管理机构，负责起草规划、协调联络、实际执行课程设计与教学实施，以及负责审议、推动、评价全校通识教

---

1 阿什比：《科技发达时代的大学教育》，北京：人民教育出版社，1983年，第78页。

育等事务。另外，通识教育的实施还应建立健全各种制度，因为各项制度建设在通识教育实施过程中会起到穿针引线的关键作用。通识教育的课程管理制度具体应该包括：通识教育课程开发和申报制度、课程设置制度、教育教学评估制度等。只有完善了通识教育相关的管理制度，才能有效地促使大学在确立通识教育目标、选择通识教育内容、组织有效的教学和实施有效的质量评估方面做出努力。

通识教育管理的目的在于通过有效的管理、协调和控制手段，促进教育效果达到培养目标所规定的要求。因此，为了达到这个目的，高校在通识教育管理方面尤其要注意两点：首先，有效的通识教育管理制度应该充分考虑学生需求。以往，我们多习惯于从学校或教师教学的角度看待我国大学的通识教育课程设置问题，忽视了学生的需要；其次，有效的通识教育管理制度的决策权应该主要放在大学手中，而不应该由各级教育行政部门统管。严格来讲，只有充分考虑到高校教师和学生的通识教育才有实效性。

（五）加强通识教育的师资建设

教师是确保一个学校教育高质量的关键因素，是课程实施的主体。作为学生学习活动的组织者和引导者，首先要提高通识课教师的素养，教师的素质极大地影响着通识教育课程的效果。

由于国内高等教育长期以来专业划分越来越细的整体状况，通识教育师资普遍缺乏。对此，甘阳教授提出了"助教制"的方法，主张让研究生来担任本科生课程尤其是通识教育课程的助教。我们认为这也是加强通识教育建设的一个有效方法，它不仅可以加强本科通识教育，同时本身也是培养博士生和硕士生的重要方式。美国大学的博士生毕业后大多能很快胜任教学工作并有良好的与学生沟通技巧，这与他们在读研究生期间大多都担任助教有很大关系。反观我国近年研究生大量扩招，但博士生和硕士生却几乎都不参与教学工作，这实际导致我国研究生在一些基本训练方面有严重欠缺。

因此如果今后要求所有研究生都必须参与本科教学（包括通识课与本科专业课），那么实际上就可以起到对这些研究生本身进行基础再训练的强化教育作用，同时也将大大有利于他们今后从事教学科研工作，还有利于通识教育的有效实施。[2]

二、完善职业院校"校企"联合教育人才培养模式

职业技术教育是以社会某一种职业岗位的实际所需的知识和技能作为设定课程计划的主要依据，面向生产、管理、服务等的第一线需要培养的技术应用型人才的一种教育类型。从北京市文化人才教育体系的现状来看，目前北京市职业技术教育存在着诸多问题：教学内容不适应现代企业用人需求，实践性教学体系及其相关法规问题尚未得到解决，师资队伍素质有待提高等。从我国职业技术教育的人才培养目标和文化创意产业的人才需求看，北京市职业技术院校应该培养具有应用型显著特征的文化创意人才，即应该主要定位在"创意蓝领"的培养上。

（一）构建符合现代企业需求的课程体系

在课程设置上，要打破原有课程模式，将培养目标所要求的知识、能力分解为不同的教学模块来教学，更新教学内容。对部分基础课、技术基础课的设置，应以职业岗位所必备的知识、能力结构作为依据来确定，对专业课的设置则应从实际岗位需求和技术应用角度选择，强调实用性和针对性。

职业院校要建立定期下企业调查与访谈的制度，开展专业建设调查。这个制度要求职业院校经常采用调查、访谈等多种形式获取专业建设的有关信息，追踪该行业内企业的技术水平、劳动组织方式、人力资源的需求状态及企业开展职业培训信息，以作为教育教学的依据。

---

2 甘阳：《大学通识教育的两个中心环节》，《读书》，2006(4)，第13页。

职业院校应开展以就业为导向的实训教学。以就业为导向是职业技术教育发展的必然趋势，企业需求是职业教育发展的沃土。为使职业院校的培养方向更贴近企业需要，应努力做到教学与岗位之间"零距离"，在实训设施建设中，应按照"教学工厂"模式建设实训场所，并听取企业专家的意见和建议，按照工厂生产模式进行实训场所布置，同时，也要注重其教学功能的充分实现。

职业院校应在追踪了解毕业生就业质量、职业发展水平状态的基础上，有针对性地提供人才再培训的教学服务。职业院校应与行业协会和企业保持广泛接触，建立定期、有针对性的毕业生调研制度。这种制度中，包括完善跟踪调查毕业生就业质量的制度，以及与毕业生、用人企业之间的长期沟通机制。在这种制度下，职业院校能够让毕业生的相关信息畅通地反馈到学校，从而制定符合毕业生和企业需求的人才再培训课程，承担起文化创意人才的继续教育任务。

（二）健全"校企"合作实践性教学体系

职业院校开展实践性教学的意义在于将市场经济和企业的现实需求切实渗透到职业技术教育的全过程之中。根据职业院校和企业各自的特点和要求，可采取以下三种校企合作模式，培养合格的职业技术人才。

第一，"模块式"校企合作模式。主要特征：一是实行校内学习与企业实训相结合的教学计划，使学生既获得学历教育证书，又能在职业培训后获得相应的职业资格证书。二是学校与企业建立较为稳定的合作关系，形成互惠互利、优势互补的共赢机制。三是学校和企业共同评价学生在企业工作岗位实训的表现。四是在校企合作中实施可持续发展战略，实现学校、企业、学生之间的"三赢"。

第二，多元化校企合作平台。既可以采取一校多企的形式，也可以采取一企多校、多校多企的形式，既可以将企业的人才、资金、设备和技术引进职业院校，院校也可以主动上门服务，将培训送到企业车间一线，还可以校企共同商议培养方案，实施联合培养。总之，要结合校企双方的实际，选择最符合双方需求、能产生最佳效益的合作形式。

第三，"订单式"校企合作模式。在这种合作模式中，高职院校与企业签订协议书，根据企业对某一类人才的需要，专门进行"订单式"培养。这部分学生只要符合协议书的有关要求，毕业后即可到企业工作，且享受国家规定的大学生就业待遇。[3]

（三）优化职业院校师资队伍结构

针对职业院校师资队伍中普遍出现的严重知识断层的情况，可以通过以下途径优化师资队伍结构：第一，制定新教师教学前必须到企业实习一年的制度，提高新教师对企业生产实际的了解程度，促进青年教师尽快成长；第二，针对本科以上学历教师较少的现状，应采取引进与培养相结合的办法：出台吸引人才的优惠政策，引进一批硕士以上学历教师；第三，在培训方面，一是积极鼓励现有教师攻读硕士以上学位，二是选送教师到国内有关院校进修，三是挑选教师送到国外培训提高；第四，针对师资队伍职称结构不够合理的状况，可采取以下办法加以改善：既可以优惠条件吸引高职称人才，也可对刚过退休年龄的高职称教师采取延聘方式。总之，在注重师资队伍整体建设的同时，也要重视对教师个体素质能力的提高。

职业技术教育在培养人才方面与高校有着明确分工，它应该主要围绕"校企"联合教学这一显著特色，构建符合现代企业需求的课程体系和建立灵活的实践模式，让教育与需求达到较高的契合

---

3 孙芳仲：《高等职业教育人才培养模式的构建》，《天津职业大学学报》，2003（4）。

度，使学校与企业达到"双赢"的目的。只有这样，才能为文化创意产业培养应用型终端人才提供教育保证，才能与高等教育高端创意人才培养模式一起共同培养文化人才"金字塔"的中高层人员。

第二节 制定政策吸引企业参与文化人才的培养

鉴于目前学校教育与企业用人需求之间的脱节现象，北京市有必要通过政策、资金、税收、服务等优惠措施，引导和鼓励更多的企业参与文化人才的培养，以加强二者的对接性。

一、强化高校"三方互动"人才培养模式

鼓励高校和大企业联合设立产学研相结合的"三方互动"高端文化人才培养模式。"三方互动"培养模式主要表现为"大学为主，产业为辅，政府支持促进"的形式。大学应根据文化创意产业高端人才的知识、技术和能力要求进行有针对性的专业设置，确定具体明确的培养目标，建立合理的课程体系，并借鉴国内外相关的教学经验，开发能够充分挖掘学生创意潜能，使学生有效掌握知识、技术的先进的教学方法。同时，由于文化创意产业的工作对实际操作能力和市场洞察力有较高要求，大学需要设计安排较多的实践教学活动和实习机会。为此，大学应积极与文化创意企业开展合作，一方面，引进产业中优秀的工作人员来学校与学生交流；另一方面，使学生能够有较多机会到文化创意企业中参观，参与实际工作。而文化创意企业则应积极配合大学的培养教育工作，为大学教师和学生了解产业前沿信息、掌握先进的专业技术，为学生锻炼实际工作能力提供便利。为了帮助大学建立科学合理的培养机制，顺利实现大学与文化创意产业的持久的合作，政府应通过政策法律手段，营造有利于文化创意产业发展和文化人才成长的社会环境，并通过直接的参与接洽和间接的政策引

导，推动、促成大学与产业的合作。具体措施如下：

（一）政府支持

正如亨利·埃茨科威兹所说，"在知识产权分配和建立合法技术转移体系的过程中，政府的作用是大学—产业关系的基础"。要建立文化创意产业所需的人才培养模式，政府首先需要提供大力支持，以营造良好的政策环境，推动大学与产业合作的实现。具体来说，北京市政府应采取以下措施。

第一，制定促进产学研结合的政策。在政策中，首先，明确产学研三方职责。根据产学研发展要求，明确提出其他政府部门和企业在产学研合作中的作用和职责，制订相应的产学研评价标准，规范各主体的行为，最终形成每一个教育服务机构都与相关企业、科研机构建立基地、战略联盟等产学研结合关系，合作各方在利益上争取共赢共荣。其次，从资金、税收等方面为产学研结合提供积极的政策、资金支持。

第二，加强政府综合协调能力。打破政府部门间的体制障碍，由文化部门、经济部门和教育部门共同牵头，由各部门召集专家，列出本部门主导产业、重点学科和重点科研项目，经协调和寻找共同点后，制订专门的产学研计划。由学校、科研机构和文化企业共同申请相关项目，通过政府的研发基金和培养基金协调解研发与人才培养行为的衔接。政府通过对产学研合作计划的实施绩效进行总体评价，以此对计划实施进行指导。

第三，建立和完善知识产权分配、转移和保护法律体系。文化创意产业以知识和创意为核心，与知识产权密切相关。对高知识产权含量产品的原创性的认同和保护，是对创意人才的价值的承认。同时，明晰的知识产权分配、转移制度能够促进大学与文化创意企业间的人才、技术和信息的交流，促进"三方互动"的顺利发展。因此，北京市政府应该在职权范围内，进一步完善有关法规并加大

执行和监督力度，切实有效保护知识产权。

第四，大力鼓励国际产学研合作。与发达国家的高校、研究机构或文化企业交流与合作，能迅速推动国内文化人才的成长和文化创意产业的发展。北京市政府应该制定优惠政策和扶持措施，一方面直接鼓励国内的大学与国外研究机构或文化企业合作；另一方面，支持国内的文化企业与国外的大学或研究机构合作，以推动文化创新的步伐。

（二）大学的创新

大学在对学生的培养中，不仅要强调学生对有关知识、技能的掌握，更要注重对学生创意潜能的挖掘。为了切实挖掘和提升学生创新能力，培养符合文化创意产业需求的人才，除了加强与文化创意企业的合作，作为"三方互动"主体之一的大学还需要不断提升自身的创新教育能力。

第一，构建与研究项目、研究经费挂钩的研究生培养模式。改革我国现行的研究生培养模式，实行以研究项目为核心的"研究主导制"和"导师资助及负责制"，突出研究和创新在研究生培养中的主导作用。建立新的与研究工作紧密挂钩的研究生资助制度。发达国家具有较长时间的研究生培养经验，他们在招生时就要求考生提出研究计划，由院系学术委员会讨论决定是否录取，在其后的学习过程中要认真履行研究计划，进行创新学习。实践证明这种培养方式是养成研究生创新能力的重要途径。

第二，根据产业需求设定文化人才培养目标。首先，学校应向企业详细了解相应专业毕业生在文化创意产业中所对应的工作内容、职业发展方向，以及相关岗位对知识、技术和能力的要求，以此作为确立培养目标的基础。然后，结合学校条件和特点进行全面、明确、特色鲜明的定位：不仅注重对学生理论知识和技能的传授，更注重其创新潜能的挖掘和实践能力的锻炼；并且强调培养其文化知识和艺术素养方面的高度。同时，还应根据学校自身及专业的特点对培养人才的层次、工作取向等方面进行明确而具有特色的定位。

第三，构建科学的文化人才教学课程体系。文化人才的培养，必须注重因材施教，重视学生的个性张扬。为此，课程体系的改革势在必行。按照"加强基础，拓宽口径，注重创新能力"的目标调整课程设置，实现课程门类多样化，部分课程微型化、内容专题化，教学班级小型化，注重培养学生的创新思维。

第四，采用有效的实践教学模式。可将艺术设计专业"工作室"实践教学模式推广到其他文化人才的培养中，即以一定的研究方向为基础，由教授和企业资深专家组成师资队伍，充分利用学校和企业资源，进行产学研的教学和工作。工作室的教学完全由工作室自行组织，如课程的开设、课程内容、考核方式方法、项目案例等，可直接从研究课题中来，也可根据企业的需求，把企业的实际项目引入课堂教学。[4]

资料链接：工作室教学方式

工作室制早在德国包豪斯学院时期就已经使用。当时，包豪斯学院设立各类实验工厂，聘请工艺技师向学生教授各种材料的加工原理。学生们与有经验的技师进行合作，或在他们的指导下制作物品，通过这样的方式来学习。

在工作室教学方式中，一个工作室一般由专人负责，对外承接项目，对内负责教学，使得教学与实践有机结合，实现了产学研三位一体。工作室制的人才培养方式具有很强的直观性和实践性。一个项目即可称为一个问题，学生在项目负责人或教师的引导下自主分析、设计作品甚至完成制作，整个过程中还会涉及与项目方的谈判、采集市场信息等复杂繁琐的工作。因此，提供了一个亲身体

4 蔡尚伟、温洪泉：《文化产业导论》，上海:复旦大学出版社，2006。

验、消化所学理论知识和技能，亲自动手操作的实践平台。这样的人才培养方式，能够锻炼学生的创意基础能力和创意拓展能力。而工作室作为一支团队，在团队的实践中更易培养学生的责任感、毅力、团队合作精神等文化创意活动所必备的诸项能力。

（三）文化企业的介入

应该鼓励文化企业与大学建立长期合作关系，共同为培养文化人才而努力。

在培养学生方面，第一，企业应该积极配合大学确定培养目标，向大学说明文化创意企业内不同类型、层次岗位对知识、技术和能力的要求，从而使大学的人才培养工作更加符合产业需求。第二，文化创意企业应成为大学的实习基地，允许大学安排学生定期到企业参观学习，为大学学生提供实习机会。需要注意的是，企业为学生安排的实习工作岗位要使学生真正能够接触到产业前沿的信息，能够参与到企业实际项目的开发之中，以便对企业实际工作情况有较深刻的体会与理解，从而在实践能力、市场意识等方面得到有效提升。第三，企业派工作经验丰富的员工到大学短期授课，使学生增进对文化创意产业实际工作的认识，从而清楚意识到自身缺陷，有的放矢地补充提高。

在提升大学教师实践经验、能力方面，第一，企业允许一定数量的大学教师到企业中观察企业日常运行情况，了解各种岗位员工工作，观看和参与一些非机密的企业项目。第二，企业聘请一些大学教师作为企业的顾问，参与企业管理决策，使教师既能够从理论高度发现、认识和解决企业所面临的各种问题，又能够加深对企业及产业的了解。第三，企业人员参与大学的一些科研项目。这种做法会在增强大学科研项目实用性的同时，提高科研人员对产业和企业实际情况的认识和了解。

综上所述，文化创意产业高端人才的培养需由政府推动，产业需求拉动，并且以大学与产业的合作为核心。在合作中，大学主要负责对文化人才进行专业理论知识、基础文化知识和基本专业技术的传授，创意潜能的挖掘，以及对文化创意产业在职人员进行理论知识和技能的补充；文化创意企业则应在文化人才的实践能力培养方面提供支持。为了切实实现大学与产业的合作，政府需要给予必要的推动和支持，帮助沟通协调。北京市应该将以产学研为核心的"三方互助"人才培养模式作为文化创意人才教育模式的一个重要方面加以推行。

案例：斯坦福大学的"实用教育"

斯坦福大学诞生于1891年的美国西部，从创办时起就是一所非传统的新型大学，并没有模仿美国东部名牌大学的理念和模式。其"实用教育"理念源自学校的创建者利兰·斯坦福(Leland Stanford)。斯坦福本人是非常著名的实业家，丰富的社会实业实践，使斯坦福先生深深地体会到教育与实业相结合对于人才培养和社会发展的重要意义，以及实业发展需要什么样的高等教育。因此，斯坦福大学从一开始就确立了当时大学所独有的"实用教育"的理念。一个多世纪以来，斯坦福大学始终坚持这一教育理念，走出了自己有特色的人才培养之路。

斯坦福大学的人才培养方式非常多样化，不仅采用传统的课堂教学方式，还形成了一个完善的、互补的、全面的手段体系，综合实现其"广博而优异"的实用教育宗旨。

1. 课堂教学仍然是斯坦福大学最基本和最重要的人才培养手段。重要的基础课由著名的教师任教，涉及跨学科科目由多个来自不同学院和专业的教师小组共同指导学生。课堂教学的形式则服务于内容，形成了多样化的课堂教学方式。具体主要有以下几种方式：以教师讲解为主的课堂教学方式，导论课和基础课程基本采用这种方式；以学生为主导的讨论式课堂教学方式，这种方式广泛运

用于各级各类学生研讨班；讲授与讨论相结合的课堂教学方式，这种方式也因为有一定的难度而比较适合在高年级或研究生中实施；问答式的课堂教学方式，以问题将授课内容推向深入。此外还采取计算机辅助教学、案例分析、现场模拟等方式进行课堂教学。

2. 科学研究是斯坦福大学培养学生的重要途径。斯坦福始终坚持教学与科研相结合的原则，积极要求和鼓励学生参与科学研究，学生根据兴趣选择参加教师的科研项目，非常优秀的学生甚至可以申请独立的科研项目，除一些学科领域的科研项目外，斯坦福大学还特别开展了许多跨学科的科研项目，如环境、人类安全等方面的全球性课题。使学生突破狭隘的学科界限，在探索未知领域知识的过程中学习和巩固知识，同时培养融洽的、令人满意的合作关系。

3. 工作实习是斯坦福大学培养学生的必不可少的途径。斯坦福大学与工业界非常良好的合作关系为学生提供了许多有效的实习机会和就业机会，职业发展中心、社区中心和汉斯中心为学生提供关于实习机构即企业公司的信息，学生可以在这些组织的帮助下确定实习计划并实施，将所学的知识进行应用，检验自身能力，并使之进一步的发展，同时了解企业的运作机制及技术、人才需求。

4. 社会服务也是斯坦福大学培养学生的重要手段。斯坦福大学将大学生的社会服务作为必要的培养要求。除一般意义的社会服务内容外，大学积极为学生创造参与社会服务实践的机会，成立了很多类似太平洋免费诊所的服务组织，学生可以自愿加入参与此类社会服务。

5. 合作领导能力培养项目是斯坦福大学针对培养领军人才设立的特色培养项目。这个项目为学生提供了多种培养和训练其领导能力的科目。有意愿的学生可以选修、申请成为助教，高年级的学生申请担任新生指导，还可以参加如新生委员会等各种学生自治组织来培养自己的组织才能和领导能力。

6. 住宿教育是斯坦福大学很有特色的教育项目和方式。斯坦福大学建立一、二年级住宿式学院以构建生活学习一体化模式，经常为学生举办各种各样的活动，组织学生一起开展研讨会、交流会，请学术专家或企业的主管与学生共进晚餐，使学生了解科研进展、企业面临的现实问题等，以不同于课堂教学的形式对学生进行教育，把学生的培养过程延伸到日常的寝室生活中，较好地弥补了学术课程的局限性。

7. 课外活动也是斯坦福大学的重要培养手段和方式。斯坦福拥有大约640多个学生社团。其中包括学术的、体育的、文化的等各种类型.开展了丰富自由多彩的课外活动，在这些活动中学生可以完成自我培养的任务。

在培养适应和引领社会发展的新型人才方面，斯坦福大学富有特色地强化了现代研究型综合性大学的人才培养功能，集中体现了形式和内涵的双重模式特征。

1. 产学研一体化

产学研一体化是斯坦福大学人才培养模式的最显著的方式特征。斯坦福大学从建立之初就意识到，大学并不是独立于社会之外的"象牙塔"，人才的培养不应该仅仅局限于校园之内的课堂上。为此，斯坦福在坚持教学与科研相结合的基本原则的基础上，不断加强同工业界的合作，首创了大学与工业区相结合的大学工业园区——硅谷，逐渐形成产学一体化的开放式人才培养模式。

斯坦福大学通过设立综合系统中心来明确大学和工业界之间的合作，"这种合作对大学来说不是'分心'，而是一种丰富，因为大学可以向工业界的合作伙伴学习。"这也被其视为斯坦福成功的关键因素。在产学研三者互动的过程中，来自大学和工业界的研究人员共同讨论来决定自己优先研究的领域，工业界的研究人员通过在中心工作一段时间可以增长学识，而学生可以到合作企业完成自

己的实习任务，并积极地参与到科学研究项目中。此外，大学邀请成功的企业家、工商业的管理者等为学生讲授课程，与学生共同探讨当前工业界和社会所面临的实际问题。正是这种人才培养模式。把人才培养、科学研究和企业发展统合起来，弥补了课堂教学的不足，把以传播间接知识为主的学校教育环境与以直接获取实践能力为主的现实环境有机结合于学生的培养过程之中，为人才培养提供了更广泛的机会和无限的空间。

2. 优异与广博相结合

"优异与广博相结合"，斯坦福大学人才培养方面一切的架构与努力都是围绕着这一主线来进行的：追求研究型大学的战略发展定位，继续上世纪50年代的"学术尖顶计划"，不断延揽一流师资，坚持遴选一流的学生，将主要的学科专业办成学术尖顶；综合性学科专业设置，涵盖人文学科、社会学科、理工科、医学等多个学科领域，以跨学科领域的"大学院"打破学科和专业壁垒；课程综合化，通识教育和专业教育相互渗透和支撑，要求任何专业的学生都要选修通识教育课程，研究生以领域划分，而不是以导师划分，教师和学生都要隶属于一个领域委员会；博士生除学术工作外，还需要在指定的领域内辅修并获得足够的学分；开展在深度与广度上都具有引领高等教育发展方向作用的"多学科教学与研究"行动，这一首创的行动不仅表现在人文学科、社会科学、自然科学和工程技术学科合作解决社会重大问题上，还表现在开展跨学科的学位项目，培养具有跨学科合作意识的本科生、研究生；尊重学生的个性兴趣差异，采用学分制与选修制相结合的教学管理制度。还为学生提供灵活多样的学业评价方式，鼓励学生根据自身的爱好和需要参加不同的科研项目和社团活动、实践活动等。（高宗泽、蔡亭亭《斯坦福大学的人才培养模式及其特点》，《外国教育研究》2009年第3期。有删节）

二、建立"校企"联合的职业技术教育模式

北京市政府应该通过立法、财政和行政等手段进行调控、引导、激励、保障，以引导大企业或行业协会直接参与职业院校的办学，使职业院校不仅可以使用企业的设备、环境和技术人员进行教学，培养出真正的"一毕业即能上岗"的一线技术人员，而且还能与企业的用人需求直接对接，实施订单式人才培养。

第二届世界技术与职业教育大会的建议书指出："技术与职业教育政策的制定与实施，需要通过政府、企业、社会间的新的合作伙伴关系来实现。"目前，我国企业界对职业技术教育的认识与认可程度不够，企业参与办学的自觉行为还未形成。因此，政府的介入就显得非常有必要。

（一）提供政策支持，是推进校企合作的必要保证[5]

虽然《国务院关于大力推进职业教育改革与发展的决定》已经明确了行业企业在参与或支持职业教育与培训的工作角色和任务，但是，行业企业如何在机制上、法律上、社会角色上包括经费投入等方面，合法合理地介入与行业产业息息相关的职业教育，似乎还没有一个很好的说法。对此，政府应当维护企业参与职业教育的利益，调动校企合作积极性。政府可以通过对职业教育投入进行立法，建立政府、企业、社会、个人合理分摊教育成本的职业教育投资体制，遵循"谁参与、谁受益"原则，合理分摊教育成本，维护企业利益。如逐步建立和完善教育成本分摊机制，实行经费优惠政策，以降低企业参与职业教育成本；建立和完善职教统筹费返还制度，根据企业开展职业教育的情况，按适当比例返回企业；同时还可用企业交纳的教育附加费奖励对办好职业教育和培训有贡献的企业；凡参与职业教育的企业，劳务和人才市场应该赋予其优先挑选

5 本节参考曾金传、郭秀华：《企业参与职业教育的要素分析》，《职教通讯：江苏技术师范学院学报》，2008（12）。

劳动力的权利；对企业下达的订单，学校应该保质保量地如期"供货"；对于接受学生实习的企业，应该有权挑选其中的优秀毕业生，以从根本上改变当前企业搞不搞、参不参与职业教育一个样的局面。当然，政府也可以出台规定，要求企业达到一定规模后，有义务参加职业院校的人才培养，否则不能享受某项优惠政策。美国有法律规定，企业的利润达到一定水平后必须进行捐赠，否则课以重税，可作参考。

（二）加快推进就业准入和职业资格证书制度，为校企合作营造动力

政府应加快推进各行业就业准入和职业资格证书制度，完善用人用工机制，推动企业重视并积极参与职业教育。当前，劳动部关于实施劳动力市场准入的规定，属于部门规章。《中华人民共和国行政许可法》颁布和实施后，部门规章不再具有设立行政许可的权力。对此，国家应该尽快制定《中华人民共和国就业准入法》，规定就业准入的岗位种类，明确相关各方的权利和义务，确定执法主体以及相关的法律责任，以进一步完善劳务和人才市场的准入制度。根据该法律，凡实施就业准入的岗位，未经职业培训者一律不得上岗。同时，加强劳动监督，严格执法，对于违反就业准入的企业，要依法予以处罚。

另外，政府还应该为校企之间的合作牵线搭桥，提供服务。对积极参与职业教育的企业给予相应的支持，同等对待企业办学与教育部门办学。建立与当前市场经济相适应的融资体制，把社会资本吸引到职业技术教育中来，鼓励他们成为职业技术教育的主要投资者之一。

案例：发达国家创新人才的职业教育培养模式

职业教育作为培养应用型创新人才主要的教育模式，与高等教育相比具有自身较为显著的特点。它更加注重学生实际操作能力的

培养，其教育理念是将学校教育与企业培训紧密地结合在一起，让企业直接参与到学生的培养中来，企业培训成为职业教育的有机组成部分。这种教育模式打破了传统理念上的以学校理论教育为主导的教育模式。目前发达国家广泛开展了这种校企结合的人才培养模式，例如：以德国为代表的"双元制"模式，该模式的特点是学校教育与企业培训紧密结合，企业广泛参与教学。企业培训成为职业教育不可或缺的组成部分，学生在接受学校的理论知识的同时，也要参与企业的实际生产培训，较快地完成理论与技能的相互转化，成为实用性人才；以新加坡为代表的"教学工厂"模式，该模式的特点是将真实的企业环境引入教学环境之中，并将两者深度融合，学生需要通过严密的考核制度，并且所有的技能经过生产力局的认可，才能取得等级证书，方能就业。这种教育模式意在加强学生的理论转换意识，技能考核的过程是对理论与实践是否真正"接轨"的一种体现；以美国、加拿大为代表的"能力本位教育"的CBE模式，该模式从职业岗位的需求出发，确定职业所需的专项能力及综合能力后，再为学生设计教学内容。这种教育模式直接与市场接轨，针对性和专业性要求较强，学校与企业的关系实际上是一种"量身打造"的关系，学生的专业素养极高，在毕业后可直接进入生产第一线为企业创造价值；以澳大利亚为代表的"工作室教学项目"(Studio Teaching Project)，"工作室教学"的重点是鉴定、描述和调查工作室教学与实践在艺术、建筑和设计等学科领域的情况和特征，以揭示在每一个学科中的有效用的工作室实践，从而为高等教育部门作出阐释，并对这些提高学生实践经验和学习成绩的时间进行鉴定。同时，在工作室教学实践中设置连续性的系统性检查，旨在激励教师们进行课程开发、未来实践和专业发展，帮助大学针对适当的资源制定合适的教育政策。"工作室教学项目"为澳大利

亚在艺术、建筑和设计人才培养方面提供了有力支持。[6]

由上述可见，由于地域、文化、政治、经济等的不同，各发达国家的职业教育模式都具有其独特的个性，但也有一些共同之处：以培养应用型人才为教育目标；注重学校与企业的紧密结合；以市场为导向，教育与市场实际需求"接轨"；政府在政策上的大力支持，根据职业教育的需要政府制定、实施了一系列的法律法规等。发达国家的这些共同特征，为我国发展职业教育提供了可供参考的经验。北京市应该结合本地、本国的实际情况，在学习借鉴国外经验的基础上，形成独具本地、本国特色的职业教育模式，实现职业教育的本土化。

第三节 提升文化人才培养的国际化水平

北京市在完善自身文化人才教育体系的同时，还要放眼国际，了解国外文化创意产业的发展状况，加强国际文化人才交流与合作，吸收国外优秀学生来首都高校留学交流，吸引国际高端文化创意人才来华任教。提升北京乃至全国文化人才培养的国际化水平，需要政府、高校、社会等多方面的配合，从各自的角度出发，为留学生来华学习、外籍高端文化人才来华工作，以及开展多样的国际文化交流活动，营造良好的氛围和条件。

一、扩大海外留学生来华规模

（一）应从提升国家"软实力"的高度，充分认识北京高校留学生教育发展的重要性

"软实力"的观点是美国哈佛大学教授约瑟夫·奈首先提出

---

6 胡建梅：《培养创新型人才的美国研究型大学本科课程研究——以MIT为主案例》，《浙江师范大学》，2005。

的。"软实力"的内涵主要指一个国家的文化感染力、制度及价值观感召力、国际声望与形象魅力等。在实现中华民族伟大复兴的征程中，提升中国在国际上的"软实力"至关重要，而促进外籍人士来华留学、工作，进行国际汉语推广等，都是国家"软实力"建设的重要方面。

我国在2010年出台的"留学中国计划"，制定了未来十年我国留学生教育发展的目标、发展方向，这是我国留学生教育发展的重要的一步。对此，北京市在2011年也推出了"留学北京行动计划"。计划指出，北京市将进一步扩大规模、提高质量、优化结构、规范管理，构建起优势突出、特色鲜明、有吸引力和可持续发展能力的留学人员教育体系和良好的社会环境，巩固北京来华留学人员教育在国内的领先地位，使北京成为留学人员的主要目的地城市。到2020年，在京高校及中小学就读的外国留学人员规模达到18万人次。目前北京留学生教育方面依然存在着诸多问题，北京市政府应该在招生政策、奖学金政策、后勤服务管理等方面，提供更为具体、详细、有效的支持政策，以吸引国外优秀人才来北京留学；同地根据每年北京市高校、社会各方面以及来华留学生的反映，及时地调整和补充北京留学生政策。政府可从以下几个方面调整相关的政策法规：[7]

一是加强中国留学教育宣传力度，实行"走出去"政策，打造更多的类似于"孔子学院"的海外宣传机构，吸进海外人才来华交流学习。

二是招生政策上进行调整，给予优秀的留学生更多的优惠政策，吸引其来北京学习交流。尤其是要提高留学生的就读层次，对于来京读研究生及更高层次的留学生采取更多的优惠措施。

7 岑建君、江彦桥：《着力提升高等教育跨境服务能力——UNESCO、OECD教育服务贸易论坛述要》，《中国高等教育》，2005(05)。

构筑全球人才高地

三是北京市政府要建立完备的留学生资助体系。为吸引更多的留学生来京留学，建立完善的留学生资助体系，扩大政府奖学金授予比例。加大对优秀留学生的奖学金授予力度是提高招生质量的重要措施。

四是北京市政府要积极推进政府引导、以高校为主体的教育改革。增强北京市高等教育的整体实力，并逐渐与国际高校接轨，增强对留学生的吸引力。

（二）营造优越的学习、生活、工作环境，扩大留学生来北京学习、交流规模

高校作为培养留学生的主要机构，同时也是国家文化交流的主要参与者。因此，加强对高校留学生教育管理体系的改革显得尤为重要。为来华优秀人才营造一个学习、生活、工作等各方面都很优越的交流环境，是北京市高校努力的方向。

北京可仿照日本"接收30万外国留学生计划"，一边制定留学生来京发展目标，一边在招生制度、教学管理制度、激励制度上进行改革，以吸引更多的留学生来京学习、交流。具体说来，可在扩大招生宣传、简化考试程序、入学时间灵活化、缩短学习时间、互相承认学分、完善奖学金制度等方面进一步优化。

如在入学许可方面，北京市高校要尽可能地简化入学手续的办理流程，开设快捷、周到的咨询窗口，开设海外考试考场方便留学生在本国境内考试。在课程设置方面，高校要大幅增加英语授课课程，设定中文和英语双语教学，增加外籍高端文化人才来京任教比例，提高留学生教学水平。为外籍教师设置一套专门的管理制度，从优越的工资待遇、住房及文化氛围等方面吸引更多高端人才定居北京。在教学管理方面，可借鉴日本留学生辅导制，为留学生提供个人辅导员、论文辅导员、生活辅导员等的辅助。辅导员可以由北京高校的本国优秀学生兼任，这样既可以为留学生提供帮助，又可

以增加国内外学生的互动和交流。

　　同时，北京市还可动员社会机构参与留学生管理。政府可开放留学生管理，让更多的社会团体、企事业单位参与到留学生管理工作中，在奖学金管理、留学生宿舍管理、留学生课外活动管理等方面可以让社会团体、企事业单位参与并赞助。这样不仅有利于留学生更加融入中国的学习生活，深入了解中国传统文化，也有利于企事业单位吸引更多的外国人才。

案例：日本30万留学生计划

　　日本的留学生计划是日本经济快速发展的产物。20世纪六七十年代日本成为仅次于美国的第二大经济强国，为了满足经济发展对于人才的需求，日本把扩大在日外国留学生的规模作为一项基本国策。1983年，日本前首相中曾根康弘首次提出了接收10万外国留学生的计划。这个计划是针对当时留日学生远远落后于欧美国家的状况提出的，当时日本的外国留学生人数为10428人。时隔25年后，2008年1月福田康夫前首相在169届国会进行的施政方针演说中明确提出了接收30万留学生的计划。同年5月，日本的留学生人数已达到123829人。日本接收留学生人数占到世界留学生总人数的4%，排名世界第8位。

　　日本"接收30万外国留学生计划"，是在产学官即产业界、教育机关、行政三方的配合下开展的，目的是吸收大量的海外优秀人才进入日本的大学和企业，为日本经济的高速发展储备人才。根据各类公开资料可知，日本自实行其留学生计划以来，其留学生生源很快产生了较大的变化。

　　由于日本的地理及文化状况等因素，亚洲学生一直是日本留学生的主力军，在日本留学生中占有绝对重要的地位。而亚洲学生中又以中国大陆、韩国居多，几乎占据了学生总量的75%。这些学生中大学本科学生和研究生占75.1%。由此可推断出中国高校留学生在

日本的留学生中占据绝对优势，几乎是日本人才的主力军，我国在制定留学生政策、招收外国留学生的时候可以参照这一特点，有针对性地制定外国留学生计划，做到具体问题具体分析。

日本为了确保30万留学生计划成功实施，进行了一系列基本制度的安排。

第一，招生制度

为了吸引更多的海外留学生来日留学，日本教育部对招生政策做了全面的调整，以期让外国留学生通过较为快捷的方式进入日本高校学习。在招生制度方面，日本的大学积极采取多种措施，通过多种渠道为希望留学日本的学生提供全面、有用的信息，让他们尽快地了解日本学校的各项情况。为了减少留学生在费用上的担忧，日本还实施了日式"托福"考试制度和留学生贷学金制度。日式"托福"考试制度可以使留学生在本国接受入学考试，避免由于跨国考试所造成的不便和额外的费用；同时结合不同国家的文化背景和学生的特点制定考试制度，也为各国留学生提供了方便，这种全方位的为来日留学生提供人性化服务的招生理念，大大提高了留学日本的海外留学生人数。而留学生贷学金制则旨在促进发展中国家学生赴日留学，特别针对经济状况有限但很有才华的学生而制定的政策。这也证明日本的留学生计划除了"通过人才培养来扩大日本在亚洲的影响"外，对于人才的渴求也是其招收大量留学生的目的。

第二，教学管理制度

在教学体制方面，日本从留学生日语教育、培养对象、学制以及具体的留学生课程设置等方面都做了细致、科学的规划，最大限度、最全面地满足留学生的需要。日本教育部门针对各国不同教育制度，对学校教育法实施规则进行了修订。如引进秋季入学机制，以与包括中国在内的众多国家相适应，并且缩短留学日本时间，允许插班入学，缩短部分专业硕士研究生的修业年限等。日本的教学制度不仅适用于学生，对于那些在本国已经有所成就的年轻的成功人士也具有较强的吸引力。为此日本提出了"培养年轻领导人"的口号，设置只用一年时间就可获得硕士学位的新教学计划，这种制度为日本吸收了更高层次的人才。对于出国深造的人来说，语言问题一直都是首要考虑的问题，也是较难解决的问题。日本为解决这个问题也提出了相关的对策：日本在日语教育问题上强调大学间的合作，采取互相承认学分的措施，完善日语教育体制，对一些对日语能力要求不高的专业采用英语授课，从而扩大留学对象的范围。

第三，激励制度

为了将优秀的海外留学生留在本国，为本国经济的发展储备人才，日本从人才激励机制着手，为留学日本的外国学生提供资金和工作等方面的优惠条件，从教育、生活、经费等方面对留学生提供帮助。并且倡议学校与企业、政府联合起来，共同支持留学生教育事业，激励优秀留学生毕业后选择日本企业，长期留在日本。另外，普及和完善留学生奖学金制度。在奖学金方面，2010年，共有11850名留学生获日本国家奖学金，本科生8380人，每人每月48000日元，研究生3470人，每人每月65000日元。除国家奖学金外，还有46个地方自治体、相关国际交流团体、222所大学、129个民间团体向留学生提供奖学金，成立专门的日本留学生支援计划。与此同时，日本的各大高校还积极开设就业指导项目，号召政府、企业等全力支持留学生利用课余时间兼职，从而减轻留学生的经济压力和就业压力。在勤工俭学方面，留学生就读期间还可以从法务省获得每周28小时以内的居留资格外活动许可（风俗行业或色情特殊行业除外），得到此许可的留学生，在长期休假期间每天可以从事最长8小时的勤工俭学工作。日本提出的这些激励机制有利于吸引更多的海外学生来日留学，学成后留日工作，减轻了日本人才不足的负担

与危机。[8]

日本留学生的招生制度、教学管理制度和激励制度虽然是针对所有类型的留学生而言的，但是这些制度和政策对于文化创意人才的吸引力也是很大的，并且对文化创意人才的培养也有普遍适用性。

二、建立国内外文化人才交流制度

（一）划拨专项资金，支持北京国内外文化人才交流活动

为了更快地推进北京文化人才的国际化水平，建议北京市政府在现有北京市文化创意产业专项资金中划拨一部分资金，用来支持北京国内外文化人才交流活动。这个资金可以用来聘请国外高端文化人才来华讲学、访问，也可以用来资助国内优秀文化人才到国外短期学习或交流。

（二）制定政策，支持国际化文化人才培养模式的建立

北京市应该制定相关政策，积极支持本市与其他国家的高校之间建立文化人才的培养、交换渠道和机制，鼓励北京市高校与境外相关高等院校合作办学，支持文化企业依托境外培训机构和高等院校加大国际化培训力度，推进通过国际学分互认等方式培养文化人才。同时，应当加大对如2011年中日韩三国联合推出的"亚洲校园"计划等类似活动的支持力度，并将其不断推广，使之步入常态化发展轨道。

（三）制定计划，激励大学建设国际化的校园文化氛围

国际化的校园文化氛围常常由国际化师资队伍、国际化学生队伍以及众多的国际文化交流活动来构成，其中建设国际化的师资队伍是文化人才培养实现国际化的根本。为此，北京应该制定计划，激励大学提高具有国际化学习背景的教师比例，资助国际性学术会

---

8 角野雅彦：《日本近代高等教育与专门学校发展研究》，保定：河北大学出版社，2008。

议的举办，鼓励邀请外国高端文化人才来我国参观、讲学，以建设多元文化交流的国际化校园文化氛围。

第四节 将社区学院建设纳入公共文化教育范畴

借鉴发达国家尤其是美国社区学院建设和发展的宝贵经验，结合北京的实际情况，我们建议，将现有的社区学院建设纳入公共文化教育范畴，大力做实全民创造性教育，建设国际学习型城市。

一、健全社区学院保障体制

阻碍社区学院发展的问题主要是缺乏法律认可和资金保障不足等，完善的立法工作，充足的资金投入是保障社区学院有序、良好发展的有利条件。

（一）完善社区学院法制建设

北京市政府主管部门应该制定明确的政策，确定社区学院的定位，并且在招生、学历以及各种职业证书、各层次教育的衔接、社会教育等方面给予大力扶持，使社区学院明确自身的教育责任和人才培养方向。

教育部、北京市教育主管部门、立法部门应当联合起来，加快有关社区学院建设与管理的法律法规的制定工作，尽快推出《社区学院办学条件暂行办法》《社区学院管理条例》等专门针对社区学院的政策法规。在相关的法规中，明确规范社区学院的定位、性质、创办的软硬件条件、申办批准的程序、学院管理体制(董事会、委员会、院长及各处、系的设置等)、教师队伍、学生培养、学生管理等方面的规定。

（二）建立多元资金筹措机制

加大对社区学院的投资力度是社区学院健康持续发展的根本保

证，也是落实全民教育的重要措施。北京市应当致力于社区学院多元化资金筹措机制的建设：一是要加大北京市财政资金的投入力度。包括对社区学院的经费资助，给予学院或困难学生的贴息或免息贷款等。二是鼓励社会资本进入。投资方可以是机构也可以是个人。投入可以是货币投资，也可以是实物等有形资产或土地使用权等无形资产折价入股。三是学生承担的费用，这是社区学院自我积累和发展的前提。收费标准应该充分体现公共文化服务的性质，低偿学习。最后是社会捐赠。社会捐赠是一种公益性的资金来源，虽然较少，但政策上应积极支持社会人士的积极捐赠。[9]

二、提高社区学院教育质量

社区学院作为一个整体，要提高其教育质量，关键是要提高其组成要素如师资队伍、人才培养模式等的质量。

（一）建设科学的师资聘用培养机制

良好师资队伍建设的基础是要有一个健全完善的聘任制度。在教师招聘的过程中，应采用灵活多样的标准。对一些专业性较强、操作能力要求较高、需要具备较强的实践能力的学科，则可以适当地降低学位要求，从相关的企业、单位聘请具有丰富实践经验的专家或生产一线的技术员工作为本校的兼职教师。其次，不管对哪种类型教师的招聘，都应做到公开透明，打破重资历、重关系的用人制度，建立重能力、重潜力的人事招聘制度，实现教师资源的优势互补和全面发展。

社区学院招聘教师应该严格地根据学校学科设置、教学和科研，以及社区对人才的需求来设置相应的岗位，不能因事、因情聘人。要引入竞聘上岗机制，通过竞争这一手段，达到择优上岗的目

---

9 徐明怡：《社区居民的教育需求与社区教育课程开发策略的研究》，上海师范大学，2011。

的。在确定聘任的对象后，社区学院要与教师签订任职合同，并在合同中明确规定双方共同享有的权利和共同遵守的义务等条款，这是社区学院教师职务聘任制度得以长期落实的关键。

社区学院应该制定有效的教师培养方案。对于新入职的教师、在职的教师和兼职教师要分类培养，要有明确的培养目标。在培养教师时，应该致力于使其时刻把握所教学科的前沿、热点内容，做到与时俱进。对教师应采用灵活的培养方式，除了统一的听课培训外，观摩学习、讨论交流、学术研讨、出国考察等也是教师培养的有效方式。

（二）建立多样化的人才培养机制

由于社区学院的办学定位是立足于社区，服务于社区，学院提供的课程既要为社区的经济发展培养高素质的应用型人才，同时还要着力提高社区居民的整体素质，为和谐社会的建设打下坚实的基础。因此社区学院应该建立多样化的人才培养机制，给不同类型、不同学习需求的学生更大的选择学习进程的自主权。

一是推行选课制度。选课制度应当实现课堂的开放和分层教学，打破专业、年级限制，允许学生跨学科、跨年级选课。同时还可以与其他知名高校进行合作，允许学生跨校选课。二是推行弹性学制。学院应进一步放宽学生的学习年限，允许学生提前毕业或一定期限内延长学习年限，允许学生休学进行工作或者创业，分阶段完成学业。三是对学习成绩十分优秀的学生，社区学院拥有将其向更高一级学府推荐的权利和渠道，使之继续深造学习。四是在社区学院之间、社区学院与一定的高校之间逐步实行程衔接和学分互认制。

美国社区学院之所以能在美国高等教育系统内取得长足的发展，其中一个很重要的因素就是社区学院与四年制大学或学院之间建立了完善的课程衔接和学分互认机制。这为北京市社区学院的发展乃至高等教育体系的完善，提供了一个很好的参考。目前我国社

构筑全球人才高地

区学院主要都集中在经济发达的大城市，完全有条件对社区学院与本科院校的学分互认制进行试点工作。北京市的社区学院和本科院校也完全可以在教育主管部门领导下，共同商讨、解决学分互认的可行性、制定转学课程的衔接和评估、制定转学学生占招生名额的比例等问题。

三、完善课程设置

美国社区学院的生存，依赖于它在教育市场竞争中吸引学生的能力以及在毕业生劳动力市场上赢得的份额。这对于北京市发展社区学院的启示是：社区学院课程建设要有其区别于高等院校和职业技术教育的地方。目前看来，北京社区学院在课程建设方面应当从社区居民的兴趣、爱好、技能方面的学习需求出发，开设独具特色的职业教育、休闲教育、继续教育、社区服务教育等课程，满足不同文化基础、年龄、能力、经历、家庭背景以及学习目的不同的各类学生的求学需求，既为北京经济发展提供人才，也丰富北京居民的生活内容，促进社区的繁荣和个人生活质量的不断提高。

北京社区学院在专业、课程设置方面应当坚持独具特色、质量第一的原则和服务社区的宗旨，以社区近期和长远的需要、北京经济发展的需要和人口就业趋势为依据，突出专业与课程的实践性和应用性特色，并积极拓宽非学历教育课程。非学历教育课程的开设是社区学院的一大特色，它通常可包含以下几种类型：一是授予证书的课程。该课程没有学习年限和时间的严格限制，修满学分后便可获得资格证书，就可以在本社区或者社会上就业。这类课程主要满足部分学生希望在短期内掌握一门技术以便就业的需求；二是劳动力培训课程。该课程是社区学院为社区待转岗或下岗人员提供的各种培训班，以满足他们学习新技术、寻求新的就业机会的需要；三是休闲教育课程。该课程主要是针对老年人和业余时间较充足的人群而设置的，课程如第二外语、民俗风情赏析、各国文化博览、宠物喂养等。这些课程不仅丰富了社区居民的精神生活，提高了他们的精神道德风貌，同时也为我国建设谐社会提供了有力的保障。

案例：美国社区学院的办学经验

美国社区学院(community college)的创建可追溯到19世纪末20世纪初的初级学院运动（junior college movement）。初级学院运动是美国的高等教育经由移植、创造到创新的历程中，由重视学术性到学术性与职业性并重的演变过程中展开的，是美国高等教育的一个伟大的革新。美国前总统克林顿曾经说："社区学院是美国的最佳特色"。美国现有社区学院1200所，每年有1000多万学生就读。社区学院的学生占美国大学生总数的44％，新生占美国大学生总数的50％。

美国社区学院的办学经验如下：

第一，根据社区经济发展需要设置专业和课程

社区学院设立的初衷就是面向社区为社区培养区别于学术型人才的技术应用型人才，以促进社区经济发展。可以说，社区学院围绕社区经济发展需要设置专业和课程是它昌盛不衰的奥妙所在。比如一所社区学院所在地附近如果有一些大的制药公司，它就会在环境科学和化学课程方面较强；如果学院附近是一些计算机厂家，则在电子信息技术方面的课程多一些。以美国威斯康星州(以下简称威州)为例。威州位于美国中北部，全州人口508万，是美国第一个建立职业技术和成人教育体系的州。威州的高等职业技术教育在全美具有代表性和典型性。他们根据当地经济特点设置专业并及时调整专业门类和课程计划，使人才培养更符合本州经济发展的需要，实现产教结合。威州是美国主要农业州之一，制造业也很发达。为适应经济发展的需要，威州社区学院领先开设了一些新的专业门类和课程。综合农业、农用机械、农产品加工、饲料等专业一直是该州

的专业强项，而各个学校又有自己的专业优势。如威州北部地区社区学院造纸专业很强，促进了当地造纸工业的发展；东部地区农用机械制造和酿造工业比较发达，这方面的专业就成为该地区社区学院的强项。

第二，承担企业职工的培养任务

一般说来，为工厂、企业职工提供再培训的社区学院分为三种形式：①工厂企业办学。美国通用汽车公司创办通用汽车公司工程和工业管理学院，设有机械工程、工业工程、电机工程和工业管理4个专业，培养本公司需要的工程技术和工业管理人才。②工厂企业和学校联合办学。据报道，科罗拉多州的全国技术大学是由18家企业和两所名牌大学联合举办的。由工厂企业资助经费，依托学校进行教学工作。③社区学院参与工厂企业的职业技术教育。

20世纪60年代以后，社区学院注意吸收在职职工进校学习。据统计，目前在大学、社区学院学习的成年人约占注册学生总数的29%。他们利用业余时间在读部分时间制的学位课程。社区学院还为工厂、企业的职工开办各种有学分的短期课程，帮助他们丰富知识、提高技能。如奥克兰社区学院(Oakand community College)，它是密歇根州最大的社区学院，在全国名列第十位，地处美国"三大汽车公司"总部的战略要地。学校每年有6000多学生在校或企业实地选修有学分或无学分的课程。各企业和三大汽车公司及其下属的汽车零件制造供给公司都可与学院挂钩进行合同培训，许多培训项目均能按企业的具体需要制定课程内容，以求最佳效果。

随着知识经济时代的到来，社区学院的功能更加延伸，向"建立学习型组织"这一目标迈进。1995年美国知名学者社区学院联合会在一次展望未来的集会上，提出一项名为《公元2000年后社区学院的前景》的建议，其中"建立学习型组织"这一主题成为美国社区学院的焦点。可以说，社区学院向学习型组织的转变，将会改变社区学院现有的办学体制和办学机制，社区学院将成为社区的学习中心。

第三，注重师资建设

美国的社区学院在建设与发展中注重师资队伍建设，有切实可行的管理模式、严格的教师任职资格制度，从而保证了教学活动的良好运转。

社区学院的教师，除了要符合联邦各州政府教师资格证书规定的条件外，特别强调教师的实践经验。国家规定，要成为从事高职教育的教师，"必须具备学士以上学位，并对所授技术课程有一年以上的工作经历及最新经验，或者在合适的技术领域有5年以上的实际经验，还要求有当顾问和单独判断与研究的能力"。即使这样，社区学院还聘有大量的兼职教师，并且兼职教师在数量上多于专职教师，一般占教师总数的60%。兼职教师一般由社区内的企业家、某一领域的专家及生产一线的工程技术人员、管理人员等组成。他们讲授的课程应用性、针对性较强。能跟上科学技术的前沿、让学生了解最新的信息技术。专职教师一般有博士或硕士学位，主要从事基础理论与其他理论性较强课程的教学。

社区学院注重师资建设还表现在为教师提供各种各样的进修机会，称为"弹性多元进修选择计划"。如让他们参加为期半年左右的夜校或暑期学校的进修；参加教师研讨会或讲习班；参观访问或参与课程编写、专业杂志和出版物的工作；担任视导服务工作，参加专业组织举办的地方、州或全国性的会议等活动。为鼓励进修，美国一些政府单位和私人基金会均设有教师进修奖励金，一些学校和地方行政机构也制定了有关的奖励办法。

第四，完善的法律保障

社区学院主要服务于社区经济的发展，因此政府通过制定各种各样的法律给予职业教育更多的财政上的支持及政策方针上的保证

与鼓励。例如1862年美国国会通过了《莫雷尔法案》，促使职业教育成为美国高等教育的一个组成部分，促使农业科学和工艺进入高校，培养应用型人才。这一法律对20世纪初的早期社区学院引入职业教育起了很大作用，并保证了职业教育培养国民经济发展所需要的应用型人才。1963年美国制定的《职业教育法》保障了对职业教育的拨款，保证了职业教育的地位和范围。同时它重新确立了美国职业教育的目标。该法规定：处于各种不同年龄阶段的人，完成或中断正规教育准备进入劳动力市场，都有机会接受职业训练。《职业教育法》的颁布，有力地推动了职业教育的发展。从1964年到1968年接受职业教育培训的人数几乎翻了一番，由450万增加到800万，各级职业教育经费总额也由1965年的6.05亿美元增长到1969年的14亿美元。（摘自左彦鹏《美国社区学院的发展历程及办学经验》，《中国职业技术教育》2003年第4期。有删节）

四、加强社区学院品牌建设

北京现有的社区学院由于定位不清晰，知名度、美誉度不高，导致了人们对社区学院的认可度较低。社区学院要想在我国得到良好的发展，在我国文化人才教育体系中发挥其独具特色的魅力，首先就要加强自身品牌建设。学校品牌是一所学校办学特色的综合体现，同时也是它区别其他学校的本质特征，良好的学校品牌可以为学校赢得社会各界的支持，从而赢得更大限度的支持力。

社区学院在进行品牌建设之前，首先要分析清楚自己的市场定位。社区学院的各种资源大部分都要来自社区，因此立足社区、服务社区、为社区人民素质的提高、为社区经济的发展提供实用性的人才是其首要任务。其次是强化品牌战略意识。人们在选择高等教育时，首先想到的就是清华、北大等知名院校，这些学校的品牌对学生的吸引力不容小视。因此社区学院也应强化自己的品牌意识，经营并且维护好自己学校的品牌。学院应当运用多种形式，立足社区，把握各种时机，有效地宣传推广学校品牌，使自己的学校品牌深入人心，从而扩大学院的知名度。最后是加大品牌宣传力度。在当今这个信息化飞速发展的时代，光有品牌还不够，还应大力宣传以引起人们注意。因此社区学院应该与社区建立良好的互动关系，将学院的资源向居民开放，采用制定开放日、邀请社区人员到学院参加各种活动等形式在社区建立起良好的学校品牌形象。此外学院还应该协调好与媒介的关系，充分运用强大的报刊、电视、网络等媒体的力量来对学校进行积极健康的宣传，扩大自己的知名度。

此外，政府还可鼓励第三方组织对社区学院进行评估排名，定期向社会公布，以提升其影响力，推动其品牌建设。良好的品牌可以为社区学院赢得更多民众的支持和更大限度的社会支持力。

社区学院作为北京最基础的文化人才培养机构，是北京市进行全民创造性教育的重要主体。将其纳入公共文化服务范畴，使之成为政府推行文化惠民、利民的基础性工程，将有利于提升国民文化素养，培育大众终身学习的意识，对于北京提高社会和谐氛围、建设国际学习型城市会起到积极的推动作用。

资料链接：发达国家创新人才的社区教育培养模式

社区教育(Community Education)源起于十九世纪末的西方国家，对于我国来说它是个"舶来品"。传统社区教育作为一种社会教育手段，早在1864年丹麦兴起的北欧民众中学运动中就开始发展起来。而且这种早期社区教育模式——民众中学发展迅速，至1871年已经遍及整个北欧地区。有研究指出:20世纪初，北欧民众教育已取得了比较稳固的地位，各类运动纷纷为其所属团体提供民众教育，并且建立了独立的民众教育教学组织。

社区教育作为终身教育的重要模式，在发达国家已经逐渐发展成熟，并且在不同的区域有着各自的特色。例如：美国社区学院模

构筑全球人才高地

式的社区教育。美国社区学院是一种面向社区，以职业教育为主，并兼具多种功能的教育形式。社区学院的特点是学费低、入学口径宽，它将不同种类的教育和培训活动提供给本区的居民，之后给予相应的学位或是相关的培训证书；北欧民众教育模式的社区教育。民众教育是一种独具特色的社区教育，其主要特点是以各级各类民众学校为教育载体，紧密联系地方和社区，强调面向社区内的所有成年人，以体现福利国家的特征，形成一种既独立于全日制教育体系以外，又与其相互联系的非正规教育系统；日本社会教育模式的社区教育。所谓社会教育，在日本1949年6月10日颁布的《社会教育法》中如是规定："本法律中所谓的'社会教育'，主要系指对青少年及成人进行的有组织的教育活动(包括体育及娱乐活动)，不包括根据学校教育法(1949年法律第26号)、作为学校教育课程而进行的教育活动。" [10]

尽管社区教育会因国家、地区、文化背景的不同，而产生不同的称谓、规模及实施方法，但是我们从诸多见解里还是不难看出它们的一些共通点：社区教育的对象是社区内的全体成员；社区教育是为社区全体成员提供的教育服务；社区教育的目的是提高成员的整体素质和生活质量，以及解决社区中的社会问题，推动社区可持续发展和促进社区成员全面发展；社区教育是社区内所有可利用的教育资源(包括学校等中介教育机构、各级各类教育行政管理机构等)和社区之间协调整合的产物。国外社区教育的这些共同点，可作为北京乃至我国建立和完善社区教育的参考模式，以资借鉴。

10　叶忠海、朱涛：《社区教育学》，北京：高等教育出版社，2009年，第16页。

后　记

　　《构筑全球人才高地——北京建设文化人才集聚教育中心研究》是在金元浦教授主持的北京市文化发展中心重大研究项目——《北京文化中心建设课题研究丛书》的总框架下，由何群率领中央财经大学、河北师范大学等教师、研究生组成的项目小组成员共同研究、写作完成的。具体的分工如下：

　　前言：金元浦

　　第一、二章：毕日生

　　第三章：李　静　吴文奇　彭志会

　　第四、五、六章：何　群　卜晓菲　刘　芳　申之琳

　　整体统筹：何　群

　　在课题的研究过程中，本项目小组力图以新的数据揭示现状，以新的理论视角透视问题，以新的思维提出对策建议，希望写出的研究报告不求全而求新，不唯理论突破而求切实可行。然而受视野、能力所囿，未必达成目标。浅陋之处，诚请方家指正。同时，书中借鉴、引用前贤研究成果甚多，在此一并感谢！

构筑全球人才高地